丰田经营管理经验71条

[日] 野地秩嘉 著

李 卉 译

机械工业出版社

本书主要围绕丰田精益生产介绍丰田汽车公司奉行的71个改善要点。全书共12章，分别是何为丰田生产模式中的"改善"、越懒惰越擅于改善、常识是大敌、杜绝积压、即使如此仍然出现积压了怎么办、重要的是感到别扭和讨厌、改善对人的工作、减少会议、改善管理职务、日常生活也可以改善、改善危机管理、改善是创意工作。本书言简意赅地总结出丰田公司71个改善要点，这些要点都是我们平时工作乃至生活中常常会犯的错误，读来有种恍然大悟的感觉。

本书适合任何组织的管理人员阅读。

TOYOTA NI MANABU KAIZEN NO HINT 71
By NOJI Tsuneyoshi
Copyright © Tsuneyoshi Noji 2020
All right reserved.
Original Japanese edition published by SHINCHOSHA Publishing Co., Ltd.
Chinese translation rights in simplified characters arranged with
SHINCHOSHA Publishing Co., Ltd. through Japan UNI Agency, Inc., Tokyo
Simplified Chinese translation copyrights © 2022 by China Machine Press
北京市版权局著作权合同登记　图字：01-2021-4226号。

图书在版编目（CIP）数据

丰田经营管理经验71条／（日）野地秩嘉著；李卉译. —北京：机械工业出版社，2022.9
ISBN 978-7-111-71618-1

Ⅰ.①丰…　Ⅱ.①野…②李…　Ⅲ.①丰田汽车公司-工业企业管理-经验　Ⅳ.①F431.364

中国版本图书馆CIP数据核字（2022）第172372号

机械工业出版社（北京市百万庄大街22号　邮政编码100037）
策划编辑：母云红　　　　　责任编辑：母云红　王　婕
责任校对：韩佳欣　张　薇　　封面设计：张　静
责任印制：邓　敏
北京富资园科技发展有限公司印刷
2023年1月第1版·第1次印刷
140mm×203mm·5.375印张·84千字
标准书号：ISBN 978-7-111-71618-1
定价：69.00元

电话服务　　　　　　　　　网络服务
客服电话：010-88361066　　机　工　官　网：www.cmpbook.com
　　　　　010-88379833　　机　工　官　博：weibo.com/cmp1952
　　　　　010-68326294　　金　书　网：www.golden-book.com
封底无防伪标均为盗版　　　机工教育服务网：www.cmpedu.com

目 录

第一章 何为丰田生产模式中的"改善"

1. 只产能销售出去的量 ...001
2. 采用订购生产模式，消除过量生产及多余库存 ...003
3. 并非为了压榨劳动力和裁员的生产模式 ...004
4. 崭新的车对顾客也有好处 ...005
5. 每天洗10次手 ...007
6. 改善即更新 ...009
7. 不更新便无法生存 ...010
8. 思考时要从被窝里爬起来 ...012
9. "JIT"与"自働化"两大支柱 ...013

第二章 越懒惰越擅于改善

10. 不要追求最好 ...019
11. 改善的初衷是为了不加班 ...021
12. 简化麻烦的方法 ...025

第三章 常识是大敌

13. 为什么崎阳轩的烧麦便当可以做到"当日可退" ...027
14. 消除库存的方法 ...029
15. "半份天妇罗"是怎样变成改善的 ...031
16. 边行动边思考 ...036

Contents

第四章　杜绝积压

17. 只保留最低限度的库存 ...039
18. 削减 0.1 秒 ...041
19. 快时尚行业的零库存模式也源自丰田生产模式 ...042
20. 杰夫·贝索斯的座右铭"Kaizen" ...044
21. 外婆的火鸡 ...045
22. 进行 4S 的同时找出无效工作 ...047
23. 从垃圾开始思考 ...049
24. 有六成成功的可能性就去实践 ...051
25. 何为无效 ...052
26. 不需要精神论 ...054

第五章　即使如此仍然出现积压了怎么办

27. 亏本的公司都是因为库存出现积压 ...057
28. 图表化 ...061
29. 改善前后的不同之处在哪里 ...065
30. 改善机械 ...067
31. 哪怕只能改变一点点也好 ...068

第六章　重要的是感到别扭和讨厌

32. 改善最重要的是让伙伴感到高兴 ...071
33. 移步现场 ...073
34. 高效集中运输 ...074
35. 丰田员工食堂的改善 ...077
36. 没有什么工作是需要跑着去做的 ...080
37. 关于宝马逆袭之所思 ...081
38. 最大的改善即是创新 ...084

Contents

第七章
改善对人的工作

39. 一流的改善就是学会低头 ...087
40. 销售人员决不能有个人喜恶 ...089
41. 必须严于律己 ...091
42. 员工不应并排站立 ...092
43. 商品与服务的改善应有利于顾客提高效率 ...094
44. "东北饺子"为什么要使用小号中式炒锅 ...097
45. 持续记录未卖出商品12年 ...099
46. 幼儿园也能改善 ...101

第八章
减少会议

47. 部门人数应在8~10人 ...105
48. 报告完成时间、完成天数 ...106
49. 不需要做的改善 ...107
50. 会议的改善方法 ...109
51. 真正有必要的会议其实并不多 ...112
52. 出差只需要带一包行李 ...114
53. 重要的事情尽量背下来 ...117
54. 消除惯性、无效和滞留，开动脑筋 ...118
55. 区分正常与异常 ...120

第九章
改善管理职务

56. 对加班秉持怀疑心态 ...125
57. 人只会听从自己尊敬的人所说的话 ...127
58. 改善的工具也应进行改善 ...132
59. 不要把机械想得太有用 ...133

Contents

| | 60. 言传比看说明书更有效 | ...136 |
| 61. 想要让人记住就故意让他失败 | ...137 |

第十章
日常生活也可以改善

62. 减肥适合改善 ...139
63. 减少忘记东西的技巧 ...141
64. 改善只需前进一点点 ...143
65. 没有人能在工作前做好万全准备 ...144
66. 工作失败的"诀窍" ...145

第十一章
改善危机管理

67. 将洗手间打扫干净 ...147

第十二章
改善是创意工作

68. "电通大道"命名战术 ...153
69. 企业理念应该由员工思考 ...156
70. 凝视胜利女神的背影 ...159

后记

71. 消除无效的形式工作 ...161

何为丰田生产模式中的"改善"

1. 只产能销售出去的量

丰田生产模式是一种工厂的生产方式,由丰田创始人丰田喜一郎提出,后经大野耐一系统化。

可能有很多人会觉得奇怪,工厂还有生产模式?不就是从供应商买进零部件再送到生产线上组装吗?

我曾经也是这么认为的。

但其实并非如此。

每个工厂都有自己的生产模式。

而不同的生产模式会带来完全不同的生产效率。

实际上,去汽车厂参观一下,就会发现不同厂商的生产线风景及作业模式真的大相径庭。

所谓的大量生产曾经一度是主流的生产模式,不过现在已经比较少见了。大量生产就是制订好生产计划,然后采购零部件源源不断地进行生产。因其不断输送零部件上生产线制造商品的生产形式，也被称为推动式生产模式。在这种生产模式下，如果商品能够按计划销售出去，就没什么问题——商品进入市场，被消费者买走，就不会发生产品滞留在工厂内外的情况。

然而，无论计划多么周密，现实都不可能与计划完全相符。

比如制订的计划认为销售量可以达到10000件，于是加上备用量一共采购了10200份零部件，最后却只卖出了9500件商品。这种情况非常常见。

这并非是计划没制订好，而是现实如此，真实的市场如此，消费者不可能完全按照制造厂商的预想行动。

反过来，也有商品比计划畅销得多，最后采购的零部件不够用的情况。

虽然理论上只要再采购零部件进行生产就可以了，但实际上这样做却行不通。因为追加采购需要重新向零部件厂商下订单，这个过程可能需要半年之久。如果商品要等半年以上才能拿到，消费者肯定就懒得要了。

当销量大于计划，进行追加生产后，多生产的那部分商品反而最后可能又会成为滞销库存。这部分滞销库存也不能大降价出售，不然原价购买的消费者肯定会投诉。

况且汽车又是高价格商品，不能随随便便放在户外堆着，只能使用仓库存放。可是就算放到仓库里好好保管，也不意味着就能卖出去，很可能会在赤字的情况下还要支付仓库保管费用。仓库保管费用也不是个小数目。

丰田生产模式就是为了避免这种情况发生的生产方式。

"消除浪费，只产能销售出去的量。"

这就是丰田的理念。现在，所有制造公司的生产方针都转变成不留库存，只产能销售出去的量了。还在进行大量生产的公司都是不认为这种库存是浪费的公司。

2. 采用订购生产模式，消除过量生产及多余库存

实际上，日本销售的丰田汽车，都是采用订购生产模式生产的。厂家询问好客户意向，例如想要什么颜色的座椅等，然后按需定制。就像寿司店的厨师按照顾客的要求制作金枪鱼或赤贝寿司那样，丰田就是将这种点单制作的模式搬到了制造业。这种生产模式可以消除过量生产及多余库存，就算生产出的车不好卖，也不会造成损失。

我们可以将丰田的生产模式特征归结如下：

1）减少工厂与工厂之间以及生产线与生产线之间的中间库存，采用准时制生产方式（Just In Time，JIT）制造商品。

2）采用自动化杜绝不良产品，在生产线上检测异常情况，只将合格产品送至下一生产工序继续生产。

3）不断在各个生产节点实现改善，提高生产性。

4）采用拉动式生产模式，而非推动式生产模式。只有当后道工序提出需要零部件时，前道工序才会生产后道工序所需的零部件。

5）减少库存，而非库存完全为零，时刻保持一定量的库存。

制造业在很长一段时间都采用的是推动式生产模式，丰田的生产模式广受好评后，许多工厂、物流企业都纷纷效仿。不仅在日本，也不仅是工厂一线，华为、亚马逊等企业也非常热衷于研究、学习丰田的生产模式。

3. 并非为了压榨劳动力和裁员的生产模式

不过，在很长一段时间，甚至现在依然有很多人觉得丰田的生产模式是为了压榨劳动力和裁员。

"这是为了裁员和提高生产线效率,漠视人权的做法。"

丰田一直承受着这样的非难。

为什么人们会有这种误解呢?

这是因为普通人并不关心生产模式的不同之处,也搞不太懂这些。

只要自己不是当事人,别人究竟是高运转大量生产,还是丰田生产模式,其实都无所谓。

而且介绍丰田生产模式的书虽然有很多,但没有一本是基于顾客视角,讲这种模式对顾客有多少好处的。基于生产者视角总结出的理论,自然容易让媒体和普通人对丰田生产模式敬而远之。

4. 崭新的车对顾客也有好处

那么,丰田生产模式对顾客来说有什么好处呢?

同样性能、同样配置的车,买丰田生产的要比买其他厂家生产的更便宜。这也是丰田的车更好卖的原因之一。

另一个原因则是丰田的车更新。采用JIT,可以将刚生产出的车直接送到顾客手上。因此,买丰田的车意味着可以买到最新生产出来的车。库存车长时间停放在车场,底盘会变脏，如果是存放在室外的车，外部涂层的品质则可能因为雨水等受到影响。

此外，将刚生产出来的车送到顾客手中，顾客驾驶时会更加珍惜，车不容易受伤。而且如果折旧换新，这样的车价格也会更高，从结果上来看，就等于以更便宜的价格买到了车。

明明丰田生产模式对顾客也很有利，但从之前到现在，连丰田人自己也很少提及这点。

丰田的员工明明知道自家的生产模式对顾客有怎样的好处，也不会大声宣扬。丰田人总是在奇怪的地方非常谦虚。

明明只要说明一下，"丰田生产模式对顾客也有很多好处，比如……"就好了。

丰田的管理层一直严格教育员工，不要因为丰田是大企业就觉得自己很了不起，一副鼻孔朝天的样子。可能也正是因为如此，丰田人才不怎么宣扬自家产品有多好，对顾客有多少好处。

不过，也不是所有的丰田员工都能听进去教导，态度傲慢的人自然也有。当然，这不在本书的讨论范围之内。本书主要是从"对顾客有利的生产模式"这一视角出发，对丰田经营管理经验进行总结。书中的例子不会局限于丰田，笔者了解到的其他制造商的经营管理经验也会记录其中。

学习了经营管理经验，就会发现这些经验不仅对顾客更有利，对生产者也同样有利。

5. 每天洗10次手

丰田的创始人丰田喜一郎是织布机大王丰田佐吉的长子。他在经营织布机产业期间研究起了汽车，最后选择了创建汽车制造产业，而非为汽车制造强国进行组装生产。再展开一点讲，丰田喜一郎其实颇为多才多艺，他在东京帝国大学读书的时候，也就是在第二次世界大战前就曾经设计出"飞燕"战斗机用的液冷式发动机。

丰田喜一郎生产的第一款日本国产的量产车型 AA（注：AA 型汽车为排量 3400mL 的中型车，其设计受到美国克莱斯特汽车的影响，产量为 1404 台）于 1936 年问世，也就是第二次世界大战之前。

现在大家可能会觉得，生产汽车是一件谁都能做的事。但丰田喜一郎生产 AA 型汽车的时候，包括他本人在内，几乎是没有专业学习汽车工程学的人才的。不仅如此，参与到汽车生产的工作人员中拥有私家车的也就只有丰田喜一郎自己，有驾驶经验的人也寥寥无几。没有汽车驾驶经验，就意味着连方向盘、变速杆这样的地方也要经过深思熟虑才能设计出来。他们的创业工作可以说是在不断的披荆斩棘、艰苦奋斗中完成的。

当然，第二次世界大战前日本也是有汽车的。在 AA 型汽车问世的前一年，日本大概有 12.5915 万台汽车。其中将近一半都是货车，而且都是美国产的。对于普通人来说，私家车可以说是梦想中的交通工具了。

在这种背景下，日本自然不可能有什么汽车专家。然而即便如此，丰田喜一郎还是选择了投身汽车行业。

后来负责初代皇冠（1955 年上市）开发工作的中村健也曾是专精冲压机的技术员。其他公司也有这种情况，比如轻量汽车销售冠军斯巴鲁 360（1958 年上市）的开发人百濑晋六就曾经是战斗机技术员。百濑当时是通过研究文献和分解调查外国汽车设计出斯巴鲁 360 的，这也说明，人只要有决心就一定能成事。

现在的汽车开发人员都有私家车，也会驾驶，开发工作中不缺实物，也不缺相关的知识和资料。

但各大车展上的"梦中情车""未来之车"的设计却都平平无奇。

或许在缺乏数据和资料的背景下，人的想象力反而更能实现突破吧。

回到正题，丰田还处在创业期时，丰田喜一郎对新录用的大学生总是反复强调这么一句话。这也是丰田"改善"经验中的一条。

"听好，你们都习惯了伏案学习，但汽车制造不是纸上谈兵的学习，而是要自主思考。必须多去生产一线，亲手去触摸汽车，用你的肌肤去感受车的温度；亲手去碰一碰制造机械，让自己的手沾满机油。我要求你们每天要洗10次手。"

丰田喜一郎强调，"改善"的灵感绝不会存在于办公桌上，而是在生产现场思考得来的。

6. 改善即更新

我们平常使用手机、电脑的时候，经常会看到"开始更新""开始更新软件""开始更新版本"之类的字样。

一般人看到"更新"大概都不会太当回事，只是放置一边等它自己更新好。但是仔细想想就会发现，手机、电脑之所以需要更新，是因为它们都是尚未完成的机器，所以要时时更新补全漏洞，从而实现性能的提升。

而冰箱、洗衣机、吸尘器这类家电则是在购买时就已具备了完整的功能，因此无需更新。如果要提升性能，或是想要具备新功能的家电，就只能重新购买。

这么想想，其实人也可以说是一台尚未完善的机器。

从小孩成长为大人，是一个不断地自主学习，或是在不知不觉间进行"更新"，从而提高"性能"的过程。如果一个人不更新自己，就会一直像个幼稚的孩童一样。因此，人同样需要不断更新自己的知识与经验。

连手机、电脑都在时时更新，人自然更要注重更新自己了。

改善其实就是一种更新，不进行更新的人最终只能成为一台"过时老旧"的机器。

7. 不更新便无法生存

如果一个人完全不更新自己，那他的生活会变成什么样呢？

关于这个问题，如果我们以手机、电脑为关键词去搜索，就会发现有人已经总结出继续使用老版本不进行更新主要会出现的三大问题，简要概括如下：

1）安全性能降低：新型病毒不断诞生，如果不将系统更新至最新版本，则会导致更易感染病毒。

2）BUG（程序错误）和一些小问题难以得到修正：系统及应用软件会在特定的情况下出现卡顿、闪退等问题，如果不修正这些 BUG 和小问题，就会经常发生死机等问题，非常不便。

3）无法使用最新功能：使用一部手机或一个应用却无法使用最新功能，就和用一部古董机没什么分别。

把这几条总结套用在人的身上也是一样的。

1）容易上当受骗：可能会陷入各种电信诈骗的陷阱之中，因为诈骗方法和手段一直在不断更新。

2）会成为一个永不改正缺点的人：很少有人会劝告别人应该改正哪些缺点。听取他人的忠告也是一种改善。如果有人能够指出自己的缺点，应该感到幸运。

3）了解不到最新信息：工作中获取最新信息也是非常重要的一点，这同样是一种改善。

人也是一台不完善的机器，必须时时更新。这是每个人必经的自然成长过程。

8. 思考时要从被窝里爬起来

回归正题。

丰田喜一郎所说的"每天要洗10次手",实际意思是让员工思考问题时去生产现场思考。

有一句话与之类似。这句话对改善也有帮助,暂且记录在这里。

"思考时要从被窝里爬起来。"

这句话出自巨人队教练原辰德的父亲原贡。原贡生前最后的职衔是东海大学棒球部名誉总教练。原辰德就任巨人队教练时将这句来自父亲的教诲传授给队员们。

人在有烦心事的时候,进了被窝也还是会不断回想。工作的烦恼,恋爱的烦恼,赚钱的烦恼……越是烦恼,就越容易胡思乱想。这样一来就会逐渐开始失眠。接着就要为失眠而焦虑得浑身冒汗了。

在睡不着的时候想出来的都不会是什么好点子。要思考,就得从被窝里爬起来,思考要有一个正经思考的样子。比如写写笔记,回想一下在生产现场时的所见所闻,阅读一些参考文献之类的。

就算是恋爱烦恼，要攻略心仪的对象，在手机上查一查别人恋爱成功或失败的经验谈，也比躺在床上磨磨唧唧想一堆有的没的事情更有用。

不要躺着思考，要么睡觉，要么起来思考，应当明确自己要干什么。想睡觉的话就洗个澡、按个摩，强迫自己专注睡眠。要么，就从床上爬起来好好思考。

9. "JIT"与"自働化"㊀两大支柱

介绍丰田生产模式时，一定会出现"JIT"与"自働化"这两个核心概念。"JIT"正如字面所示，指的是如流水般不断生产出产品，毫无延迟地送至客户手中。生产和物流上均无滞后或停滞。

想出这种生产方式的是丰田喜一郎。他在从事纺织机生产行业时观察到棉花变成棉线再变成纺织品的过程，认为汽车也可以用流水生产线的方式进行生产。

㊀ 丰田"自働化"有其特殊的含义，与中文"自动化"含义不同，故本书保留其日语原文。

丰田是这样解释"JIT"的：

"以最短的时间生产出最符合顾客需求的产品，毫无延迟地将产品送至顾客手中，这种高速生产就是'JIT'。"

让我们用寿司店来举个例子吧。

比方说顾客点了墨鱼和蛤蜊寿司，这是顾客的需求。寿司师傅应一声"好"，然后用一贯的手法捏好寿司，将墨鱼和蛤蜊寿司端给客人。这就是在最短的时间生产最符合需求的产品。

但如果寿司师傅回答的是"不好意思，蛤蜊还在煮"，那就说明目前没有顾客需求的东西。

寿司师傅还可能会向客人提议："能不能换成两个墨鱼寿司？"

这就意味着店里没法提供顾客想要的蛤蜊寿司。这种情况就不能称为"JIT"。

10家寿司店中，有几家能做到所有种类的食材一应俱全，只要有客人点单就能马上做好呈上呢？

金枪鱼、鲹鱼、墨鱼、章鱼、鸡蛋，这类食材应该每家店都会准备好，但对于煮好的蛤蜊、皮皮虾这样需要花费时间提前料理好的食材，很多店可能都不会事先备好。

如果去丰田的组装工厂参观一下，就会发现生产线上摆着皇冠、普锐斯、卡罗拉等各种车型，每种车的颜色也都不同。适配所有车身颜色的座椅被运上生产线，安装作业一刻不停。

可以把皇冠、普锐斯、卡罗拉比作寿司店的食材，它们就相当于金枪鱼、鲹鱼、鸡蛋这样的常备食材。但差不多每隔三天，生产线上就会出现一次皇冠警车。即使是三天才会用到一次的零件，丰田也要将其备在生产线旁，保证随用随取。

丰田 JIT 的优秀之处就在于此了。流水式生产看起来简单，但若真的要在生产一线实现，其实还是要费不少工夫的。

"自働化"与"JIT"并称为两大支柱，其主要目的是杜绝次品。

"对我们来说可能只是 1% 的次品率，对购买我们产品的顾客来说可就是 100% 的次品了。"

丰田人是这样认为的。

正如前面提到的，丰田源自喜一郎的父亲丰田佐吉创立的纺织机制造公司。而丰田佐吉的发明不仅提高了纺织机的工作效率，还增加了出现断线即刻自动停止运转的功能。

在那之前的纺织机都是即使工作途中出现断线也会继续运转下去，最终导致残次纺织品出现。

工程中出现异常即刻停止运转，做到这点的正是丰田佐吉。

丰田的生产方式仍然沿用了这个理念，出现异常即刻停止生产线，这就是"自働化"。

不查清异常原因绝不重启生产线。这一规定的目的是将停止生产线的权限移交给操作人员。在那之前，一线操作人员是没有停止生产线的权限的，只有管理人员才有这个权限。即使生产线上的操作人员看到次品，也只能继续动手操作。以前的生产方式就是这样，操作人员即使想停下生产线也无法做到。

但是，丰田认为"人不是机械的保安""发现次品就要马上停止生产线"。于是，丰田做出了相应的改变，使得生产线上即使出现次品，也能在最终成为残次成品前进行补救。

"JIT"与"自働化"两大理念，使得丰田的生产没有无效时间，并且杜绝了次品。

丰田能够持续保持业绩，或许就是因为坚守了这两大理念，并不断在进行改善。

这样写出来看似好像很简单，但要做到这点有多难，我想不仅是制造业，只要是在所谓的"日式组织"工作的人，应该多少都能想得到。

下一章开始，我将尽量简明地介绍丰田为了将"改善"的习惯根植于企业文化中都做过哪些努力，以及现在是怎么继续保持的。

同时，下面的内容也不止局限在丰田。迄今为止我采访过许多企业家，其他企业同样有一些令人佩服的"改善"案例，之后也将介绍一二。不仅仅是制造业，包含服务业在内的所有行业，乃至学校、人们的日常生活中都可以做到"改善"。

"改善"是使得大家的生活更加轻松、愉快的诀窍。

越懒惰越擅于改善

10. 不要追求最好

改善并非丰田的专利,其他人、其他公司追求更进一步的改进,转变工作方法的例子也有很多。

丰田式"改善"与一般意义上的"改善"是有所不同的。

词典上是这么解释"改善"一词的:将事物改进得更好。

丰田式"改善"的内涵也是如此。

不同的是二者的态度。

一般意义上的"改善",包含着一股刻苦奋斗的态度在里面。整个团队凝聚起来共同努力,彻夜奋斗,用几个月的汗水与辛苦收获一个重大成果,这是普遍意义上的改善。

而丰田式的"改善"并没有这么了不起。

"刚进公司第一天的新人也能做到'丰田式改善'。"

丰田式"改善"是一种简单、轻松，每个人都能做到的"改善"。当然，丰田同样有举团队之力花费时间去达成的"改善"，但并不推崇刻苦奋斗的风气，也不追求最好或完美。

"操作时间只要能缩短0.1秒就很好。"

"捡起一枚螺钉，也是一种改善。"

丰田式的"改善"是不需花费大量时间、成本和精力的。不追求最好，只追求更好、更好、更好。与其只想不做，不如先做了再说。如果做了之后发现结果不尽人意，就进行改善。

改善不是一次就结束的行为，要像尺蠖钻洞一样，不断地、逐渐地前进。

丰田人就是秉着这样的理念心态轻松地执行改善的。

我们从丰田生产模式中应该学习到的改善的一大诀窍就在于此。

改善不需要严阵以待，轻松快乐地去做就可以了。改善也不是为了其他人，而是为了让自己的工作能够更加轻松。

为什么说捡起一枚螺钉也是一种改善呢？

看到地上掉了一枚螺钉，把它捡起来，这也叫改善。不把它捡起来，万一有别的同事踩到滑倒了，不就耽误工作了吗？还有，就算看起来完好无损，丰田也绝不用掉到地上的零件。

在捡螺钉的时候还要学会思考：为什么会有一枚螺钉掉到了这里？是有人不小心落下的，还是从架子上掉下来的？查明螺钉掉落的原因，然后将一切恢复成从没有螺钉掉落过的样子。这是捡起螺钉之后要进行的改善。

11. 改善的初衷是为了不加班

改善并非是形式主义，而是为了自己更轻松，为了不用长时间工作而做的努力。改善方案不是为了让上司满意而提出的，一切都是为了让自己的工作更轻松。

为什么说改善是为了自己呢？

相信所有了解1950年丰田认真实行改善背景的人都会认同这一说法。

这是丰田还处在艰难困苦时期的事情了。

第二次世界大战结束后的第5年，也就是1950年的春天，丰田发生了一起劳动争议，为了重建企业，公司经营层决定进行人员调整。

当时丰田公司共有8140名员工，经营层决定裁员2146人，只有这样，丰田才能松一口气。然而，即使如此，那时丰田生产的汽车（当时生产的是货车）还是卖不出去，库存非常多。

同年6月5日，丰田的创始人丰田喜一郎提出辞职。周遭弥漫着诸如"丰田要完了""丰田也就到此为止了"的议论声。

然而，就在丰田喜一郎辞职的20天后，朝鲜战争爆发了。饱受通货紧缩困扰的日本经济和丰田，都被朝鲜战争产生的"特需"红利拯救了。

朝鲜战争爆发的次月，丰田接到了来自美军的1000台货车的订单。之后美军也不断向丰田订购货车，整个朝鲜战争期间，美军向丰田订购了共计4679台货车，金额达到了36亿600万日元。而丰田在前一年，也就是1949年的销售总额只有大约20亿日元，"特需"红利让丰田赚到了两年的销售额。

换言之，因为业绩不振而不得不裁员的丰田，又不得不在人手大幅减少的情况下大量增产。

而丰田还没法招聘新员工。毕竟才刚刚大动干戈地裁完员，马上又大肆招聘，怎么都有点说不过去。再者，就算当时丰田开展招聘，也没有人会应聘的。

　　现在我们都知道，朝鲜战争持续了大约 3 年这个历史事实，但当时的人们并没有料到这场战争会持续这么久。即使丰田接受了大量的美军订单，也不过是一时的红利，当时人们，甚至连丰田自己的管理层都没想到丰田最后会发展得那么好。

　　也因此，丰田在那之后的 6 年内，员工数量基本还一直保持在 5887 名这样一个裁员后的数量上。

　　而这 6 年间，丰田虽然没有增加人手，却一直在扩大生产。

　　1950 年，丰田在日本的产量是 11706 台，6 年之后则增长到了 46417 台，产量增长了将近 4 倍。

　　而在这期间，丰田也并没有在生产线上导入临时工、短期工。聘用临时工是 1956 年之后的事了。

　　丰田也并非是通过采用昼夜两班倒的制度来保证产量的，导入这一制度是在 1962 年之后的事了。本来在没有增加人手的情况下，也不可能有足够的人手用来倒班。

　　还有就是，丰田也没有引进新的高性能机械。

　　既没有增加人员，又没有更新机械，丰田却在短时间内大幅增产。

答案就在丰田的生产方式及改善方法上。

丰田之所以强调"改善是为了让自己更轻松",就是因为在不增加人手的情况下,如果工人们不学会爱惜身体,就不可能保证长久持续的劳动工作。

一两天的熬夜加班可以忍受,但如果要这样透支身体6年,人肯定是坚持不下去的。为了在不加班、不熬夜的前提下完成增产,就必须从每天的小事做起,不断改善。只要能稍微减轻一点工作负担,减少一点移动距离就行。丰田的员工就是这样一点点改善工作方式的。

丰田并不是为了削减人手才改变生产方式的,而是因为无法增加人手,才不得不想办法提高生产效率。

顺便提一下,在发生劳动争议前,丰田是这样推动生产方式改善的:

1947年:采用两台机械,其中一台专用于集中研磨工具。这一做法于1951年推广到了整个机械工厂。

1948年:开始推动作业均衡化,实行拉动式生产。

1950年:导入安灯(Andon)系统,机械加工工艺开始流程化。

1953年:规定标准作业流程,机械工厂正式导入后补充生产方式。导入看板。这也是从当初大野任厂长的机械工厂开始的。

1954年：废除中间仓库。

1955年：实现组装工厂和车体工厂的同步化。

1960年：所有工厂间的同步化均已完成。

12. 简化麻烦的方法

从制造一线升至高层的丰田副社长河合满曾说过："喜欢偷懒的人要比认真的人更容易想到改善的点子。

"从前电视换台是要在电视机本体上操作的，正是觉得躺着看电视看得好好的，为了换个台要不停地爬起来很麻烦的人，才想出了发明电视遥控器这个点子。

"而那个人现在想的可能是，遥控器换台也很麻烦，有没有办法更简单一点，不用遥控器也能换台。这就是改善，目的是消除麻烦。因此，喜欢偷懒的人其实要比认真做事的人更容易提出各种方案。"

本书所讲的丰田式"改善"，正如河合满所指出的那样，是简化麻烦的方法，是消除工作、作业中的无用功，提高生产效率的诀窍。

河合满还说过:"只会按部就班把别人交代的事做好,是不可能实现改善的。只有想尽早做完事,觉得早做完早轻松的人,才有可能想出改善的点子。

"比如说,做一项工作会出现次品。出现次品之后就要加班,把次品量补上。不想加班,就要极力避免次品。那么,怎么才能消除次品呢?这就是改善的思路。

"再比如,如果机械出现故障了就得加班,可是下班之后还有约会,因为机器停了2个小时导致推迟2小时才能约会,女朋友肯定不高兴等,所以必须要改善,就是要这种思路。有这种动机,才会想出好的改善方案。"

也就是说,改善可以只是为了方便自己。

常识是大敌

13. 为什么崎阳轩的烧麦便当可以做到 "当日可退"

在横滨、川崎、东京地区，提到烧麦，大家首先想到的一定是崎阳轩的烧麦和烧麦便当。崎阳轩原本是做铁路便当的，后来他们开发了"不用加热也好吃的烧麦"，并将之加入了便当做配菜，推出了著名的"烧麦便当"。不止百货商店、车站有卖，运动会、赏花、烧烤等户外活动以及演唱会、体育赛事等活动上也非常热销。

而不为人知的一点是，该公司想出的改善方案却是和烧麦便当本身没什么关系的事。

他们坚持着一种特别的退货原则。

"像运动会那样容易受到天气影响的户外活动，只要事前通知我们会有取消的可能，就可以当天取消订单。我们公司从以前开始就一直是这样做的。

"比如早上下雨了,运动会因此取消。只要运动会负责人联系我们,就可以免费退单。

"我们公司从昭和29年(1954年)开始销售烧麦便当,一直都是这样做的。因为烧麦便当特别好卖,我们把取消的订单再分配给其他店铺也能卖出去。不过,可以当天取消的只有烧麦便当,其他种类的便当就不行了。"

崎阳轩的社长这样解释道。

而崎阳轩的销售员也正是用"我们的烧麦便当就算下雨了也可以当天取消哦"这样的理由拿下运动会的便当订单的。

这种改善无需花费任何费用,只是需要厂家承担风险,在运动会因下雨而取消时,想好如何将退回的便当销售出去就好了。但尽管如此,能打出"当日可退"旗号的便当厂家也只有崎阳轩一家。

这样的改善方案,如果只会老实认真地钻研商品本身,是绝对想不到的,必须要头脑灵活一点才能想到,但即使公司要求员工要"头脑灵活一点",员工也不会知道该怎么"灵活"。这才是大部分员工的常态。

如果要提一个现实一点的建议,那就只能是平常多注意观察，自己找找类似崎阳轩"当日可退"这样的改善案例，然后应用到自身的工作中。

14. 消除库存的方法

日本有一些区域性的餐饮龙头，比如福冈、香川县的博多乌冬、赞岐乌冬等，关西地区还有日式糕点、西式糕点的龙头连锁店。

北海道的十胜地区则有一家叫作满寿屋的面包连锁店。满寿屋销售一百几十日元一个的吐司、红豆面包、咖喱面包等，却能在北海道开设6家店铺（东京2家），每年营业额能达到10亿日元。作为一家街道起家的面包店，可以说是获得了巨大的成功。

然而，任何一家销售外带食物饮品的餐饮类店铺一定都会有没有卖完的商品。

那些剩下的商品不可能每天都靠自家的店员吃掉，可是留到第二天再销售，味道又会变差，也没法再卖出去了，因此餐饮行业的惯例是统一作为废弃物处理掉。然后他们会将预计产生废弃的量作为成本加算到最初的商品定价中，可以说，大部分餐饮业都是认为一定程度上的废弃是无法避免的。

然而，满寿屋却完成了消除滞留库存的改善。具体的做法就是将6家店铺没有卖掉的商品统一运送到位于带宏市内餐饮街的总店，而总店将一直营业到商品售罄为止。

餐饮街，也就是居酒屋、酒吧、俱乐部等云集的地方。我也实地去看过，那里到了晚上11点多，还会有客人去面包店买面包。

他们可能会用红豆面包或者冰淇淋面包代替一般娱乐活动结束的惯例夜宵——拉面，也可能会去面包店购买第二天早上吃的吐司等。有趣的是，这种做法甚至已经成为带宏市餐饮街的风俗，因为一般的面包店都是不可能营业到半夜的。可满寿屋这样尝试了，还意外发现真的有所收获，基本都能在半夜将所有面包销售完毕。

要销售完所有的面包，也可以选择从傍晚开始打折这样的做法。但满寿屋没有选择这样做，因为有的客人可能会专门等到打折的时候再去买，所以他们最多只会将没有卖出去的所有面包都集中到一家店铺里，只在那家店铺打折出售。

现在还有浪费粮食这个社会问题。将还能吃的东西扔掉，这种行为本身就会受到社会的谴责。因此，无论是哪家餐饮连锁店，都不得不思考这个问题。当今时代，餐饮企业必须开动脑筋想出在不浪费的前提下解决未售出食品的方法。

在解决食物浪费这一问题上，满寿屋的改善方案也有很重要的意义。

这样的一点变通，任何企业都能做到。但是大部分企业却会因为不想付给员工加班费，而选择不这么做。

比起绞尽脑汁去找不做的理由，为了达成目标努力前进哪怕一步，这才是改善。

15．"半份天妇罗"是怎样变成改善的

当我讲述满寿屋的改善方法，也就是将所有没卖掉的面包集中到一家店铺营业到售罄为止的做法时，一位编辑提出了"这和饮食业的常识完全背道而驰"的异议。

"没卖掉的面包留到半夜才卖，味道肯定会变差吧？这样就会有损企业的信用啊。"

果真如此吗？我虽然不太敢苟同，但因为不喜欢麻烦，也没有直接反驳。我一向不会直接反驳别人提出的反对意见。因为一旦反驳了别人的反对意见，对方必然会再次反

驳你的反对意见，这样就会陷入无意义的反驳对战中，所以我不会反驳别人。

"不反驳别人的反对意见"可以说是我自己在与人交流中的一种改善做法。因此，我绝对不会和别人辩论。

但是，我觉得那些对所谓的常识深信不疑，不会反思的人是很难想出改善方法的。当然，我也不是主张大家都去想些超出常理的点子，只是当你觉得所有人都认为是常识的事情似乎有点问题时，一定要记得深究下去，找到答案。

"没有卖掉的面包只能扔掉。"

这是从前所谓的"常识"。

然而……

问题："扔掉还能吃的东西，这种做法非常不好。"

→"那就打折出售吧？"

→"可是这样就会出现专门等到打折才购买的客人。"

解："那么，就把其他店都关闭，只留一家店铺销售没卖掉的面包。"

如果一直拘泥于所谓的"常识"，就会放弃摸索解决方案。

可以说，改善就是先从怀疑常规思路、反思常规做法开始的。

还有一家和满寿屋一样打破业界常识常规的餐饮店，它就是位于日暮里站的"立食"荞麦面店———一由荞麦面。这家店铺明明没有开设在车站里，每天却能迎来数以千计的顾客（24小时营业）。

一由荞麦面打破常识的最著名的例子便是可以提供半份天妇罗。"立食"荞麦面店的炸牡蛎、茼蒿天妇罗、红姜天妇罗都是圆形的。一般的店铺都会将圆形的天妇罗直接作为完整的一个商品出售，从没有人会想到把它切成两半分开出售。但是，一由荞麦面却可以应顾客要求，把圆形的天妇罗从中间切开，一分两半，将半圆形的天妇罗放到荞麦面上提供给客人，价格也刚好折半。

客人可以点半份炸牡蛎和半份红姜天妇罗双拼。

可以提供这种半份双拼服务的餐饮店只有一由荞麦面一家。

改善的做法只是用菜刀将天妇罗切成两半而已。

为顾客提供小分量天妇罗的店铺是有的，但它们提供的只是小一号的天妇罗。比如，常规大小的天妇罗售价150日元，它们会做分量小一点的，售价100日元左右，不会打折到半价。但是，这种做法却没有什么用，因为专门去做小一号的天妇罗也很费工夫。制作常规大小的天妇罗和小一号的天妇罗，耗费的精力都是一样的，而且售价只相差50日元，一般顾客都是不会点这样的小份天妇罗的。他们只会点常规大小的，吃不完就剩下。

然而，用菜刀将天妇罗切成两半就简单多了。剩下的半份只要卖给其他想要半份的顾客就好了。

去店里实际观察一下就会发现，有很多客人都会因为正好看到前面有客人点了半份天妇罗，然后自己也生出尝试一下的兴趣。剩下的半份天妇罗并不会卖不掉。

一由荞麦面的另一个得到公认的改善做法就是备货期短。

备货期一般是指工厂从接到订单到制造出成品之间所需的时间。不过，丰田对备货期的定义则更宽泛一点。

不是从接到订单，到供应商提供好原材料，工厂制造出成品的时间，而是直到成品送到顾客手中，工厂收到货款，才是丰田认为的备货期。

一由荞麦面的备货期就是从顾客点单到做好荞麦面的时间。

该店做到了顾客点单后10秒，最多12秒即可吃到荞麦面的程度。

因此，在一由荞麦面是没有排队等待荞麦面做好的队伍的。

城市里的一些"立食"荞麦面店都开设在高级路线上，基本都是现煮荞麦面，现炸天妇罗。

这是因为，"追求美味"是餐饮界的常识。无论是咨询师还是美食评论家，都认为"好吃的餐馆才会有人气"。

但是，这种观点只不过是满足于常识与常规而已。

一由荞麦面的老板就断言："只走寻常路是赚不到钱的。"

"现在越来越多的'立食'荞麦面店开始追求现煮现做。天妇罗也选择高级的食材进行制作，相应的价格也越来越高。大家都想靠味道吸引更多的客人，但我不这么认为。只是单纯靠东西好吃，是吸引不来客人的。你看，全国所有的餐饮店都在追求让自己的东西更好吃。同样去比拼这一点，太难取胜了。因此，我们要从服务上取胜。"

于是，他便在服务上做出了改善，具体的做法就是半份天妇罗、10秒备货期。这种改善方法别的餐饮店只要想做都能做到，但是却没有人愿意去做。

那些拘泥于所谓的行业常识的人总是不够诚恳，故而不会愿意倾听意见。

常识是改善的大敌，尤其是所谓的行业常识。

16. 边行动边思考

如果"想尝试做什么",一定要在提出方案前先行动。

在丰田的工厂观察一段时间,就会发现喜欢改善的人总是在向上司提出改善方案前,就已经开始在自身工作中实践了。

比如,生产线旁边有一张摆放着冲击扳手(注:用于拧螺栓、螺母等零件的电动或压缩空气型扳手)、螺钉旋具等工具的操作台。操作人员会将操作台改造成自己惯用的样子。如果在改造过程中发现了一些好的做法,操作人员就会提出改善方案。

在日常作业中,发现了什么"有点在意的地方",就要仔细思考。

比如想改变放置冲击扳手的位置,就要一次次地尝试改变位置,或是改变高度,甚至改变操作台的形状,这样边行动边思考,最终提出一个最优方案。

不过,据说也有另一种做法。

那便是直接提出一个"想要如何做"的理论方案,并不去为实践该方案而做准备,只是单纯地纸上谈兵。

如果要比较这两种做法孰优孰劣，那自然是边行动边思考更胜一筹。

稍微说点题外话，曾经有不少人对我说："我也想像野地先生您一样写书。"这些人很多都是快要退休的人，想要我教他们写作方法，介绍出版社给他们。

而且99%的人都是连一个字的草稿都没有写，就跑来问我的。

他们会说："您觉得这个创意怎么样？"

但是，只听一个创意根本无法做出任何判断。我也没有那么多时间去听那些"打算写书"的人滔滔不绝地去讲自己的创意。最重要的是要将创意落实到纸面上。也就是说，我希望他们能够把草稿拿过来，这样我才能快速地翻看一下，明确地告诉他们哪里可以、哪里不可以。就连出版社的编辑，也是不可能有空去听那些只会说"之后我想怎么写"的人长篇大论的。

不只是想要写书，无论想要做什么，要请教别人意见之前，都应该先开始行动再说。

对于那些不做任何准备，只会说我想做什么样的人，别人也就只能给出类似面对一个说自己想要成为日本职业足球联赛运动员的小学生所能给出的回应。

想要实现改善，就应该先开始行动。可以从自己身边做起，从小事做起，无论如何先开始迈出步子，然后将总结好的想法汇报给上司。那些具备可行性的改善方案，都是这样诞生的。

第四章

杜绝积压

17. 只保留最低限度的库存

当丰田大面积普及丰田生产模式时，在生产管理、制造一线确立这种做法的是大野耐一。他是《丰田生产模式》一书的作者，曾任丰田副社长。

伊藤洋华堂的创始人（现为Seven&i控股集团名誉会长）伊藤雅俊曾经到大野工作的地方请教过这样的问题：

"大野先生，丰田生产模式要求消除库存，但这对于销售日用品的超市来说却很不现实。如果不在仓库里准备一些备用品，万一超市货架上有什么商品缺货了，客人就会转而去别的超市了。"

大野是这样回答的：

"不，我们说的并不是要消除库存。库存可以有，但必须只保留最低限度的库存。重点是库存必须要维持在一个多一分嫌多、少一分则嫌少的程度。也就是说，库存要保持在增减为零的数量上。这一点非常重要。"

伊藤回去后，大野低喃道："真伤脑筋啊。"

"连伊藤先生这样优秀的企业家都会对丰田生产模式产生误解，该怎么办呢……"

正是出于这样的烦恼，大野才写了《丰田生产模式》一书。

无论是在制造工厂还是零售店卖场，改善的第一步都是将库存减少到最低限度，但这不意味着要消除库存。

换言之，就是要避免在工厂或仓库内囤积大量商品。库存增多就只能租借仓库，随之而来的就是大额的仓库租赁费和仓库管理费。就算在工厂内保存，也要花费精力管理。

尽量减少库存就能避免成本增加。

丰田有一个部门叫作生产调查部。这一部门是专门为丰田自己、丰田的合作公司以及外部委托公司提供改善咨询的。他们帮助赤字企业改善经营的第一步，就是检查库存情况，消除积压库存。只要缩短从生产到消费者间的备货期，将库存压缩到最低限度，大部分企业就能扭转赤字，实现盈利。

事实上，有一家印刷公司便是通过这个做法，从2亿日元的赤字变成了2000万日元的盈余。

18. 削减0.1秒

无论是制造业还是零售业，只要将库存压缩到最低限度，就能实现盈余。

其实就算不知道丰田生产模式，这一点也是大家都知道的常识。但是要减少库存，就需要开动脑筋进行改善，还要付诸实践，因此很多人都很少有勇气踏出这一步。

事实上，消除积压库存是需要耗费巨大的精力和时间成本的。首先，必须要消除作业的滞留情况。要判断作业是否发生滞留，就需要制订一个适用于所有作业的"标准作业"规定。由专家手握秒表对作业进行分割，分割出工作元素。然后测试出每个工作元素所需的时间，消除无效动作。

减少库存需要从这些事做起，循序渐进，最终做到弃用之前签约的存储仓库，将从原材料变成成品的过程变成如同一条流动不息的河流。

这样写成文字之后，看起来好像谁都能做到。但事实上，如果没有专家指导，应该是不可能完成的。因为这种对无效作业的削减真的都是以0.1秒为单位在进行的。

丰田形成JIT也花费了很长的时间，并且至今仍然在不断进行改善，0.1秒0.1秒地削减着无效作业。

19．快时尚行业的零库存模式也源自丰田生产模式

认为库存过多不太好的经营者不在少数。

尤其是服装行业的经营者，更是对库存积压抱有极大的危机感。服装的库存要比普通商品的库存更多。

因为每个人需要的衣服尺码不同、喜好也不同，所以服装厂商需要生产各种颜色、尺码、季节的衣服。还有，比如今年流行南瓜裤，服装厂商就会生产大量顺应潮流的商品储存到仓库里；如果天气预报说这一年的冬季会持续很久，那么服装厂商就会多生产冬服。

服装产业就这样在不知不觉间堆积了庞大的库存。库存积压过多又卖不出去的时候，就只能以低于成本的价格进行大促销了。

而另一方面，在店内热销的商品定价又要将库存和损耗的成本考虑进去，流行服装的价格就很难降下来。

"如果消除库存会怎么样呢？"

第一个想到这点的是快时尚品牌 ZARA 的创始者，西班牙人阿曼西奥·奥尔特加。

ZARA 是 Inditex 集团旗下品牌，而 Inditex 以前是做缝制工厂的，并非服装公司。Inditex 于 1985 年整合了几家缝制工厂，正式成立了 Inditex 服装公司。然后，奥尔特加马上雇用了当地的大学教授霍塞·玛利亚·卡斯特拉诺为信息技术（IT）部长。除此之外，他还雇用了丰田出身的技术人员为 JIT 的咨询顾问。

1987 年，ZARA 放弃了批发业务，转而开始自主设计、生产、销售自家品牌商品。

ZARA 研究了丰田生产模式，但并没有完全照搬。

他们不是将库存压缩到最低限度，而是直接消灭了库存。ZARA 会将大量生产的商品直接从工厂送到各个店铺销售，售完就不再补货，不保留库存，然后不断地推出新款。

就算顾客提出想要 3 周前的某某款，店员也只会回复"不如您看下能否用这件新款代替"。

快时尚品牌之所以能实现低单价，正是因为它们的这种销售模式。

并且，服装行业还有几家公司仍在不断改革进化。

他们现在正开始从大量生产零库存模式逐渐转变为利用 IT 技术实现低价定制服务的模式。

ZOZO 开创的 ZOZO 西装销售模式正是这种做法的先驱，虽然最后遗憾地失败了。ZOZO 总部通过 IT 技术接收顾客的身量尺寸数据，从而使顾客无需去实体店也能购买到定制西装。因为是定制，也不会留下库存。

现在优衣库也开始利用更加智能的系统提供定制服务了。

不论是 ZOZO 还是优衣库，甚至亚马逊，都是研究了丰田生产模式，然后根据自身的情况进行了改进。

这自然都是很优秀的改善。

20. 杰夫·贝索斯的座右铭"Kaizen"

研究丰田生产模式并导入自家企业的亚马逊创始人杰夫·贝索斯有两个座右铭。

一个是"Still Day One"，另一个则是"Kaizen"。

"Still Day One"有两层意思，一是每天都要以崭新的心情迎接工作；二是不要以为自己能够永远是大企业，要时刻把自己当作刚成立第一天的公司。

"Kaizen"自然就是"改善"了[一]不仅是日本人和美国人，亚马逊事业版图上所有国家的员工，都将改善理念深深刻入了脑海。

21. 外婆的火鸡

每家公司大概都会有一些"不知道为什么存在"的工作。

比如，有一家公司就有这么一条隐形规则——社长接受采访时一定要有宣传课长和一位年轻女员工陪同。

为什么需要两位下属陪同呢？而且为什么其中一位一定要是女性呢？

询问理由后才得知，原来是该公司以前有一次闹丑闻的时候，社长在接受采访时有一位宣传课女性员工陪同，因此躲过了采访的社会派记者尖锐的盘问，于是之后就一直沿用了这样的做法。

但是，仔细想想，这样就变成了每次采访都得从宣传

[一] 译者注："Kaizen"为日语"改善"的发音。

部门叫来两个人,而且如果不涉及丑闻,只是普通的采访,那也不需要去躲避记者尖锐的盘问。然而这家公司就因为"这是从以前就沿用下来的做法",便一直坚持每次社长接受采访都让两个人陪同。

讲一个"外婆的火鸡"的故事。

有一位姑娘从她母亲那里学到的火鸡料理做法是要去头去尾再放进烤箱。

但是,这位姑娘却对此有所疑惑。为什么一定要去头去尾呢?

然后便去问了母亲,母亲这样答道:

"我也不知道。我妈妈,也就是你外婆就是这样教我的。"

于是她又去了外婆家寻找答案。

"为什么要去头去尾再放进烤箱呢?"

外婆这样答道:

"不清楚。可能是切掉头尾之后可以让火鸡里塞的蔬菜之类的东西产生的气体排出,这样会更好吃吧。"

原来是为了排气,有意思。姑娘又问这是谁想出来的,外婆说是她的曾外祖母。于是她又去了曾外祖母家询问。

"为什么呢?"

曾外祖母这样回答道：

"哦，那是因为以前家里的烤箱太小了，放不下一整只火鸡，所以就切了头尾。要是能放下一整只，就不用去头去尾啦。"

就像这样，只要去追根溯源调查清楚原因就好了。但是世界上大多数人根本不求甚解，只会不断按照所谓的惯例照做。相信所有人都会碰上"外婆的火鸡"这样的事。

22. 进行4S的同时找出无效工作

工厂会反复强调的一点就是4S。

4S即整理、整顿、清洁、清扫㊀。仔细打扫，收拾整理好不需要的东西，当周围变干净之后，心情也会更好，这是一种精神卫生。事实上，只做到这一点也算是一种改善了。

有的人擅长整理东西，有的人不擅长。不擅长整理的人只会把东西一股脑地堆在桌上，因为他们头脑中并没有对自己的东西进行整理，所以才没有办法把眼前的文件整

㊀ 译者注：日语中整理、整顿、清洁、清扫四个词的发音都以S开头。

理清楚。整理实际反映的就是一个人头脑中有没有把东西理清。

如果仔细观察一下善于整理东西的人，就会发现他们大多都是喜欢扔东西的人。哪怕是才买的办公文具，只要觉得没用了，他们也会马上扔掉。从这点来讲，或许可以说善于整理的人都是对物对人没有留恋的人。

4S 的效果因人而异，差别很大。如果想要变得更擅长，就要学习在头脑中整理，养成不留恋的性格。

然后就是要在进行 4S 的同时，思考是否有什么可以改善的地方。如果做完一项工作之后，发现留下了很多文件，就要思考是不是工作方法不太对，或者说这项工作是不是本身就不该做。

如果将边打扫工厂边思考怎样提高效率这种做法类比到生活当中，最合适的场景的应该是洗澡。一边清洗身体一边思考自己的身体上有没有"无用"之处。

清洗身体的时候，发现肚子上有赘肉，就会认真思考为什么会这样。只是这样认真思考一下，就能起到减少饮食的减肥效果。

4S 就是正视自己，或是正视自己工作场所的隐藏角落和丑陋之处，然后加以改正。

23. 从垃圾开始思考

下面要说的这点不只会发生在丰田。比如工厂地上掉了一根崭新的螺钉，或者是正好掉在了工人的脚边，看到的人当然会捡起来。肉眼可见，它是一根新螺钉，但绝对不会有人再使用它。

"不使用掉落的材料"是一项原则。

因为即使看起来是崭新的，这根螺钉也很可能在落地的时候已经发生了极微小的变形甚至损毁。还有就是，即使看起来都是一样的螺钉，也是有很多种类的。就算要用，如果螺距不对，那也拧不进去。

那么，当看到地上掉了一根螺钉时，应该思考什么呢？首先，当然是要捡起来。然后，将它放到不良品箱里。接着要思考的是，为什么它会掉在这里，追查原因直到搞清楚为止。找到原因之后，就要思考解决方案，保证以后不再有螺钉掉下来。

从掉落在地上的东西展开思考，这就是丰田的改善。

类似地，当看到切削下来的碎屑里有几个形状奇怪的碎屑时，就应该去检查切削机器。这种情况有可能是切削机器的刀刃出现了磨损。

　　将这种思维模式展开应用，就可以做到很多改善。比如，生活中妈妈观察孩子吃剩的东西，就能进行各种改善。例如思考问题是出在自己的厨艺有待提高上，还是孩子太挑食，然后进行相应的调整。这是从剩菜剩饭上思考进行的改善。

　　再比如员工食堂的大厨，看到套餐里的金平莲藕都被剩下来了，就应该思考原因是什么。

　　"大家都讨厌吃莲藕吗？"

　　"这道菜做得不好吃？太甜了吗？"

　　"换成牛蒡和胡萝卜会不会好一点？"

　　"还是干脆就不要做金平味的小菜了？"

　　像这样思考各种可能性，然后调整对策。观察哪种小菜剩的少，然后就增加这种小菜。这就是改善的方法。仔细思考一下就会发现，其实某一行业的专家自然而然会做的事，就是改善。

　　"但是，每天都要想怎么去改善不会特别累吗？"

　　对于外行人来讲，自发地去进行改善或许是一件难度很大的事情。最开始时还是应该找其他人指导一下比较好。这位指导人最好是做同样工作的前辈，并且必须是一位专业人士。专业人士会自然而然地进行改善，他们还知道教导别人也能有助于自身工作的改善。因此，起步时只能从身边寻找这样的好老师了。

24. 有六成成功的可能性就去实践

丰田的河合满先生总是会接收到各种改善方案。

他在常年接触各种改革方案时发现了这样一个结论。

"学习好的人，总是会在完善计划上花费非常多的精力。"

笔者详细询问后，只听他解释道：脑子聪明的人在开始做一件事之前，总会伏案计划一番，直到对计划有了100%甚至120%的信心才会提出自己的方案。

而另一方面，在一线工作的人却都是行动派，哪怕才刚做好60%的计划，就会想先行动了再说。

当同意他们开始行动后，他们往往十分努力去做了，却只能收获六七十分的结果。

如果进一步教育激励他们，"你的改善方案就是这样而已吗？"他们可能会再加把劲，然后做到90分。

这样其实就够了。我一直说，与其纸上谈兵把方案完善到120%，还不如做好60%的计划就来找我。当然，如果谁拿过来一个刚做好30%的计划，我肯定会生气的。

哪怕把方案完善到120%，到真正实践的时候，肯定也还是会出现问题的。不需要想得那么周全，总是考虑出现这种情况了怎么办，出现那种情况了又要怎么办。就算想出了一个非常完善且周密的计划，也还是有可能失败。速度才是更重要的，失败了也不用觉得丢脸。不试试看怎么知道行不行呢？这才是制造一线的改善。

25. 何为无效

无效作业是指什么？

曾任丰田社长的张富士夫被公认为是将丰田生产模式体系化的大野耐一的关门弟子。

他是读文科出身的，曾经做过宣传等工作，不知因何受到了大野的青睐，将他留在自己身边工作直至晚年。

有一次，大野带着他在丰田的组装工厂散步。

忽然，大野对他说："闭上眼睛。"

他闭上眼睛，大野继续问道："你听到了吗？"

"听到什么?"

大野回答道:"你听不到吗?仔细听。"

接着他便听到了。原来是附近的工人使用冲击扳手组装汽车拧螺钉的声音。

"听到了。"

听到他的回答后,大野轻声道:"听好,工作就是用冲击扳手拧螺钉的时间。其他的时间都是无效作业。你的工作就是要消除无效作业。"

大野认为,除了转动扳手拧紧螺钉以外的行为,都不是"作业"。

而他要求张富士夫做的,便是缩短诸如拿起扳手、将扳手拿到车体附近这样的行动所耗费的时间。

虽然这种说法也没有错,但事实是要拧螺钉,工人必然会产生靠近车体这样的动作。虽然这是无效行动,但一项作业必然会伴生着一些无效行动。

大野所说的并不是指这种作业本身伴生的无效行动,而是要找到真正的无效作业,然后进行相应的改善,从而减少作业时间,提高生产效率,让工人能够轻松一点,更早下班。

26. 不需要精神论

大野耐一不是一个喜欢说"拼命做""加油干"的人。

对于不听他话的上司、同事、下属，他一般都是紧紧地盯着人家，然后重复"那样不行""这样做将会……"这两句话。传说中甚至有和他平起平坐的董事，只因为被他紧紧盯着，最后便受不了他的视线落荒而逃了。

一位后来也成为丰田董事的大野前下属讲述了这样一件往事。

"大野先生只是站在那里就很可怕了。我都不敢向他抱怨任何事。

"大概是昭和30多年（1955—1964年），有一次我们一群年轻人在午休时间去工厂的休息室吸烟。

"当时已经是常务董事的大野先生忽然进来了。然后我们所有人都猛地站了起来，一动也不敢动。那时候企业里的上下级关系比现在还严格，而大野先生更是尤为特别。当时他说：'怎么了？都坐吧。想抽烟就抽吧。'但是我们谁都没敢动，甚至有一个人手都在抖。

"我们都觉得，可能没有人会比大野先生更可怕了。倒不是说他会打骂下属，只是他身上满溢着一种使命感，真的挺可怕的。"

大野并不喜欢"拼命做""加油""使劲干"这样的话。

有一位部下曾经战战兢兢地问过他为什么不喜欢说这类话。

大野是这样回答的：

"比如你交给某个人一项工作。没做好的人肯定会找这种理由：'但是我已经很努力做了。'所以我不会去说什么努力拼命。我只会说'去完成这件事。'"

如果带入被讲这句话的人的立场，其实比起"加油""拼命"这样的训斥，"去完成"这种说法要难受得多。因为这样就无法再找借口了。

将丰田生产模式体系化并实现推广的大野耐一就是这样一个人。

大野的名言还有一句。

曾经有一位下属问他："您觉得制造汽车的速度应该达到怎样的标准呢？"

大野的回答只有很简单的一句话。

"和销售速度持平。"

他没有说什么动作快点、通宵去做、在工厂里要用跑的不能用走的这样的话。

和销售速度持平的生产速度才是 JIT。如果只是一味地加快生产，只会增加没必要的库存。这也是大野说过的话。

然后，当产品卖不出去了就要进行改善。比如曾经用单独生产线生产的产品，销量不佳了就将之混到别的生产线上进行混流生产。如果销售情况还是不好，就停止销售这种产品。

丰田生产模式要求敏锐地察觉市场的销售情况，灵活改变生产计划，而非一味地按照最初设定的生产计划进行生产。如果产品销量不好，这种产品本身就不应该再存在。不生产卖不掉的商品，这就是改善。

即使如此仍然出现积压了怎么办

27. 亏本的公司都是因为库存出现积压

接下来让我们具体谈谈生产、物流上的改善方法。

首先，在改善之前，最关键的前置条件是拥有审视自家公司不足之处的自觉。

在我出版第一本书的时候，一位老编辑曾经让我悟出了这么一个道理：

"一个无法剖析批判自身丑陋之处的人是无法成为作家的。"

老编辑当时是这么对我说的："听好，你写的纪实文学可不是《日本经济新闻》的'我的简历'。不用写值得骄傲的优点。你在文章里把自己写得很优秀，或是很有钱，又或是一个天真纯粹的年轻人，这些东西在读者看来都很恶心。你应该剖析自己的不足之处、丑陋之处，凝视自己那些难以对他人言说的地方，把这些记录下来。"

我听了以后醍醐灌顶。后来我在自己的著作里，总是作为一个"优柔寡断、反应迟钝、文章写得温吞如水的男人"出场。不过我还是要说明一点，事实上我（自认为）还是要比笔下的自己要来得更认真一些、工作能力更强一点的。

那么书归正传，一个专业的员工，比起关注自家公司的优点，会更倾向于凝视公司的缺点，然后对缺点进行改善。

我想到了两个缺点：

一是产品和采购的原材料在某个环节发生了滞留。

二是工作没有顺畅地流转起来。

其实从根本上来说，就是因为工作没有顺畅地流转起来，产品和采购的原材料才会发生滞留。

在丰田内部推广丰田生产模式的生产、物流领域，其统括部长尾上恭吾曾经说过："亏本的公司库存一定出现了积压。"

他这样解释道："只要去仓库实地看看，任何人都能判断出公司有没有在盈利。

"我去仓库视察的时候，会用手指摸一摸产品上的灰尘。

"然后我会问相关的负责人：'这些东西放在这里几个月了？'

"有人就会回答说这是昨天刚入库的东西。显而易见这是在撒谎。要是昨天才入库的，怎么可能会落上这样一层灰呢？

"我曾经去一个物流中心视察，然后发现架子上的产品都落着厚厚一层灰。

"我就问：'这间仓库里的东西积压多久了？'

"'不不，我们这边的产品有在流转的。'

"'这样啊。你知道冰河吗？冰块的冰，河流的河，字面上来看也算是河的一种吧。不过虽说是河，冰河一年却只能流动5米左右。你说这间仓库的东西有在流转，是怎么个流转法？像冰河一样，是吗？'

"负责人听了我的话之后很生气，露出了非常厌恶的表情。

"我们做的可是JIT。怎么加快流转才是改善的要点。"

总之，想要提高利润，就要做到产品一生产出来就直接送到消费者手里换成钱，不能在仓库囤积。赚到钱之后就去买原材料继续生产，如果产品卖不出去了，就放弃这种产品转而开发其他产品。再进一步讲，就是要趁着现在的产品还有销量、公司还有余力的时候就去推出新产品。

工作就是要不断重复上述步骤。不需要眼泪,不需要勇气,不需要感动,也不需要想太多,只要平淡地进行就可以了。

有销售额却没有盈利的公司,一定是因为工作和产品都没有流动起来。让工作和产品流动起来就是改善方法。

丰田在海外的销售模式是库存销售。车子放在销售门店,顾客来了看中哪辆就买回家。这种模式无论如何都会发生滞留。

而日本国内则是采用订购销售模式。顾客可以定制车型、座椅的颜色等,工厂根据订单进行生产,两周左右即可交货。因为没有库存积压,丰田才能够获利并实现增长,员工的工资也有所提升。

这是丰田生产模式成形大约40年前左右的事了。当时在全世界数得来的汽车厂商中,能做到订购生产的也就只有丰田了。一些经济报刊挖掘出了丰田的很多长处大书特书,但究其根源,其实就是因为丰田严格坚守了丰田生产模式,消除了库存积压。

比如,丰田和A公司每个月都以同样的单价卖出了同样数量的汽车。采用库存销售的A公司,由于有一定数量的汽车存放在仓库里，车场的费用、看守人员的费用都不可避免。而另一方面，采用订购销售的丰田，由于是按照订单数量生产，车场只需要保留一个所需的最小面积即可，看守人员也不需要太多。库存销售和订购销售产生的成本完全不同。就算工作时间一样，薪水也是不一样的。

对于顾客来说，比起在室外车场停放了不知多少天的汽车，从工厂大门直接送到销售门店再转到顾客手中的崭新汽车肯定要好得多。

消除库存、消除积压是一项不容轻视的工作。然而忠实地遵守这条原则的人却并不多。大多数人还是相信一次性生产大量产品成本更低，完全不去考虑生产出来以后的事情。

就算大量生产能够降低制造成本，但从产品生产出来到卖出去之后都要产生库存成本。这样一来，销售价格绝不会低到哪里去。相比之下，订购生产下的销售定价反而无需考虑损耗经费。总而言之，大量生产并不能降低销售价格。

28. 图表化

那么，要找到滞留进行改善，具体的做法是什么呢？

1）制作产品和信息流程图。

2）缩短备货期。

3）消除无效作业，从而降低成本。

4）再次制作产品和信息流程图。

丰田的改善负责人进入生产一线视察时，一定会制作产品和信息流程图。因为汽车生产涉及的零部件有 3 万多种，流程图会非常复杂，所以我们用街边的拉面店来举例。改善前、后拉面店的产品和信息流程图如图 5.1 和图 5.2 所示。

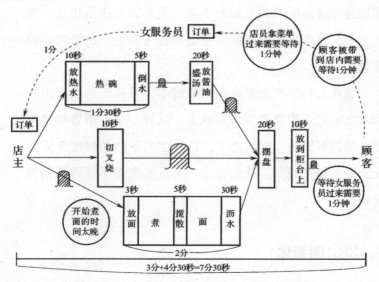

图 5.1　拉面店的产品和信息流程图（改善前）

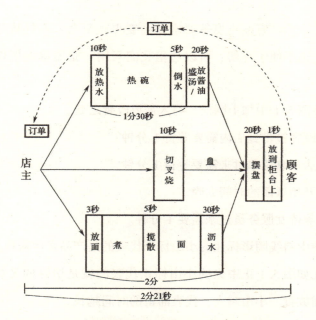

图 5.2 拉面店的产品和信息流程图（改善后）

制作产品和信息流程图，首先要写下产品的流程。图 5.1、图 5.2 中，从左到右即为拉面的完整制作流程。方框内为各个制作步骤，如煮面、盛面等。

图中的点线为信息（订单）流程。

基本信息（订单）从顾客流出，产品（成品、拉面）向顾客流去。

点线代表的信息（订单）是指"拉面""汤面""饺子"等，但这里我们只用拉面举例。因为如果图里再加上饺子、炸鸡、麻婆豆腐等要素就会变得很复杂，不好解释说明，也不便于理解，所以这里我们只用一张简单的图作为例子。

在图 5.1 中加上圆框，写入需要改善之处。

"顾客被带到店内需要等待 1 分钟。"

"店员拿菜单过来需要等待 1 分钟。"

"开始煮面的时间太晚。"

"等待女服务员过来需要 1 分钟。"

图中斜线阴影标注的小山标识代表的是产品发生滞留。

比如图 5.1 正中央的小山标识代表的就是切好的叉烧长时间放置。小山越大，代表滞留的时间越长。

滞留时间的长短与需要改善之处都应该实地考察后，边绘制产品和信息流程图边总结填写。

改善专员去拉面店考察也会带上秒表。

流程图里记载的时间就是秒表测出的每个步骤花费的时间。

将现状总结到图表中，然后从整体出发进行梳理，将流程简化。

下面是改善方案：

1）只留下柜台席。

2）将菜单做成立牌放置在柜台上。

3）顾客直接坐在柜台席告诉老板自己要什么，或者直接采用平板阅读菜单并点单的方式。

进行这种改善，整个流程的流转速度就更快了，而且还可以省去雇用只负责点单的员工这部分成本。

29. 改善前后的不同之处在哪里

下面让我们一边观察图 5.1 一边思考改善前后有什么不同。

改善前有一个步骤是将热水倒入碗里热碗，然后是切叉烧的步骤，之后才是煮面的步骤。

改善之后则是将热水热碗和煮面两件事同时进行。

搅散面条之后，开始切叉烧。最花费时间的煮面步骤放到第一项开始，在煮面的时间里进行热碗、切叉烧等步骤。

在一项步骤的空闲时间（等待面煮好）里，进行其他作业（热碗、切叉烧），这样就能够缩短整体的备货期。

这只是一项改善案例。

实际去现场考察并收集信息，在制作产品和信息流程图的过程中就会发现哪里可以直接改善。将流程变得更加顺畅，思考作业的顺序，可能就会想到缩短备货期的方法了。

这样改善就完成了一半。

剩下的就是消除无效作业和降低成本了。

这幅图上并没有明确表现出消除无效作业这项改善。这点需要去现场实地考察并逐一确认每个步骤之后，才能判断某个步骤究竟是不是必需的。

在拉面店的例子中，3项降低成本的改善方案都是在展现店主可以实现一个人经营。第一个方案要求将店铺内只留下柜台席，这样就可以省下雇用服务员的人工费了。但是如此一来，店主的工作量就会增加。

简化流程，并按顺序将顾客想要的东西一一呈上，这就需要切实收到来自顾客的信息。

将产品和信息流程图当作一项工具使用，无论应用到什么工作中，都能清晰地看到问题所在。

如果领导要求你来提高职场效率，你需要做的就是制作一张这样的流程图。从事生产、物流工作的人，只需要制作产品和信息流程图即可。

即使进入"后疫情"时代，餐饮店也仍然会处于一种残酷的生存环境下。我认为餐饮店的人只有做好这样的产品和信息流程图，提高生产效率，才有可能生存下去。

30．改善机械

丰田的改善不仅局限于员工的行动，他们对机械也进行了改善。

当丰田决定开始生产轿车时，便从美国购入了大量的工作机械。安装好这些机械后，丰田就开始投入生产。但大野耐一之后的改善团队却对此有很多不满。

焊接、冲压等工序的机械动作非常复杂，速度自然也就比较慢。于是他们便阅读了英语的说明书，将不需要的动作去掉了。当然，他们事先就与负责保障机械设备的团队进行了商讨，以确保不会有损作业安全，才对机械动作进行了提速。但是，说是提速，也不过是每个作业动作提升 0.5~1 秒而已。

比如有 3 台一样的焊接机并行工作，同时对 3 个零件进行焊接，然后流转到下一道工序。这时，有 2 台焊接机的动作耗时是 10 秒，1 台的耗时是 10.5 秒，那么整个工序的耗时就是 10.5 秒。

如果能够将耗时更长的那台焊接机提速0.5秒，就可以将整体的耗时缩短0.5秒。

丰田的机械改善就是精细到这种程度，不是企图将某台机械的作业时间缩短5秒甚至10秒，而是以0.1秒为单位进行改善的，这是基本。

曾经在丰田负责生产改善，现在负责销售改善的信息系统部长北明健一如此说道：

"首先要确认机械的工作、作业内容和时间流程。其次是用秒表测量作业时间和产品的移动时间，将这些数据都记录到一张图表上。

"然后，可以在这里削减0.1秒，在这里提升一点速度，也可以为了保证品质在这里增加0.1秒……就是这样，努力思考进行改善。机械说明书上写的作业时间基本都是富余的，我们要做的就是修正这一点。

"不过，像自己家里的全自动洗衣机，就不要想着去缩短作业时间了。搞不好可能就弄坏了。"

31. 哪怕只能改变一点点也好

北明健一在日常生活中也总是会不由自主地去思考改

善方案。

比如回家，进入玄关，他会思考在家里的行动路线，然后决定把公文包放到哪里。从放包的位置以最短的路线走到卧室，然后换上居家服，再以最短的路线走到客厅的沙发上坐下，打开电视，喝酒。这一连串的动作下来，没有丝毫的无效行动路线。

不过，这种做法对于他而言之所以能够成为一件放松的事情，也是因为他是丰田的改善专员吧。

很多人听到这种说法也会提出反对意见，认为这样太过于拘束，不想在家里也生活得这么一板一眼。

但是，对于北明来说，这种消除无效作业的行为与其说是因为他性格认真，倒不如说是他只是单纯地"无论在家里还是在外面都不喜欢绕远路""在家里只想以最快速度搞定一切，然后就可以一直瘫着休息了"。比起性格认真的人，反而是喜欢偷懒的人在日常生活中会更下意识地选择节省时间的做法。

而家庭中承担较多家务的人，看到北明的做法恐怕也会深有同感吧。我想也有很多人是没法在家里悠闲放松的，可能一进家门就要像打仗似的，规划好什么东西放到哪里，怎么行动，所有事情都必须以最高的效率做好。

玄关、厨房、洗脸台、浴室等地方放些什么东西，怎么整理，一边思考一边不断改善物品摆放的合理性，这种行为应该是所有人日常生活中都很自然在做的事情。

此外，比如要按当天吃饭的人数去购买食材，或者要为第二天的便当准备食材时，先买什么，去哪家店买，怎么才能效率最高地逛完几家店，在这种情况下，不进行事先规划而出门去买好几次，以及规划好之后一次性解决这两种做法所花费的时间完全不能相提并论。

丰田生产模式所强调的改善理念并非一种拘束，也不是要循规蹈矩，遵守所谓的"常识"，而是要求为了提高品质和生产效率自由发散思维。

北明每次造访客户公司时都会不由自主地想："来访者在前台登记之后走到电梯门前，而电梯可能会无法载完所有人，这时候就会发生人员大规模滞留的情况。其实不需要提高电梯的速度，只要把电梯门关闭的速度缩短 0.5 秒，可能就能解决滞留问题了，不是吗？

"不要觉得人多拥堵也是没办法的事情，哪怕只能改变一点点，也应该去试试。这就是丰田的改善。"

重要的是感到别扭和讨厌

32. 改善最重要的是让伙伴感到高兴

出身于工厂一线的丰田副社长河合满曾经说过:"改善可以只是缩短 0.1 秒""也可以只是捡起一根螺钉"。

"改善并不是让大家去做什么大发明。稍微改变一点动作,哪怕能快 0.1 秒完成工作就可以。"

换言之,无论是多么微不足道的事情,只要能一点一点向前行进即可。

不要看不起小事,觉得"做点这么微不足道的改变又能怎么样",大的改善创意很可能就是在那些小改变不断累积的过程中发现的。

下面要讲的是河合满年轻时的一件事。

当时他想出了几条提高作业效率的改善方案。据他本人说都是些很小的改善。

"比起单纯地做工作，我觉得在休息时间和吃饭的时候思考改善方案很有意思。"

正如河合满所言，改善是一件有趣的事情，是在追求乐趣。

总之，喜欢偷懒的人要比性格认真的人更容易想出改善方案。我们应该发散思维，多去思考一些有别于常识的解决方案，不要去死记硬背，而是要在工作中跳出常识多思考，去想怎么能让自己更轻松。就像小时候只有一个球玩的时候，我们会想很多办法玩出花样来一样。

人们总说工厂的工作是简单作业，只是一直机械地重复同样的工作。但是，如果一直都在重复简单劳动，人就容易犯困，意识模糊之间会非常危险。工厂的工作现在也开始越来越多地要用到脑力了。

思考改善方法其实也是一种休息。

如果改善方案得到采纳还能得到一点奖金，奖金可以用来和同事一起吃饭，而不是自己独占。

其中河合满最在意的并不是来自上司的夸赞，也不是奖金。

而是"让伙伴感到高兴"。

这里的伙伴是指两班倒、三班倒模式下和自己负责同一工作的同事。

"自己想出来的改善方法让同事的工作效率也更高了，同事高兴，自己也会更高兴。"

多为同事考虑，思考提高工作效率的方法，可以让大家觉得身处的职场氛围很好。

33. 移步现场

思考生产一线、物流、销售、行政等方方面面的改革时，都离不开的一点就是移步现场。

丰田有一句非常直白的口头禅是"现地现物"。

"要下一个判断，决不能只靠书面报告。要去现场进行实地考察，看到实物才行。要去询问目击了问题起因的人获得一手信息。"

据说在丰田的高层会议上，管理层对于类似"今年比去年盈利更多"的报告根本无动于衷。

但是，如果是听到例如"巴西工厂发生了这样的问题"等类似的话题，社长、副社长则会忽然两眼放光，迸发出干劲。

接着，领导人便会提出这样一个问题。

"那你们去现场看过了吗?"

"不,我们只是收到了相关的报告。"干部如此答道。

然后领导人会马上提出,"那你现在立刻去看,去现场调查。"

于是,方才汇报的干部就会马上抱上手边的东西,从会议室直奔中部国际机场。等到掌握了现场的实际情况,制订好改善方案后,再在当地直接参加高层会议。

在我看来,丰田是一家对出差完全不惜成本的公司。由此可以看出他们有多清楚移步现场的重要性。

远程确认也能知道工厂和工作机械的情况。但是,现场的氛围、工人们的表情,以及身处一线的人对于问题的感想,这些都是不移步现场不可能知道的。

正所谓百闻不如一见。

全方位的信息并非是只靠文字和视频就能获得的,需要我们用五官感受去获取。

34. 高效集中运输

在丰田,从生产部门,也就是工厂开始,到行政部门,再到员工食堂,都在进行着各种各样的改善。其中,物流部门更是对改善做了非常多的努力。

物流主要有三种：

一是从供应商采购零部件的采购物流。

二是将生产好的成品车运送到销售店铺的成车物流。

三是将服务零部件运送到销售店铺的服务零部件物流。

其中，采购物流对于其他厂商以及餐饮企业等服务业也能起到参考价值，所以在此我对采购物流的要点进行了总结。

读者朋友们只要阅读了这部分内容，就可以做到比肩丰田的高效采购物流。

不仅是汽车厂商，日本的制造商在采购零部件时，传统的做法都是由供应商将货品运送到制造商的工厂交接。

供应商收的零部件货款中包含了运送到汽车工厂的物流费用，各公司都在汽车工厂的旁边建设了自家的零部件工厂。如果工厂建得比较远，物流费就会更高，显然不太划算。

然而，像丰田这么大的汽车厂商，就会在日本全国乃至国外建设很多工厂。虽然可以每新建一家汽车工厂就在旁边配套建设一个零部件工厂，但并不是每一家零部件公司都有这种实力。

也就是说，这种将零部件运送到工厂的做法逐渐行不通了。而且，如果运输的工作都交给供应商，那么各个供应商的物流车辆导致的碳排放总量也会很高。对于由数量庞大的供应商支持的汽车厂商，从想要减少二氧化碳排放这点来说，也必须要提高物流系统的效率。

这时丰田引入了"Milk Run"模式。

"Milk Run"被译为"循环取货"。例如从数个供应商采购原材料或零部件，制造商或是承运的物流业主会沿着定好的路线，将各供应商的货物集中起来一起运输。

循环取货的优点有几处。

由于是将各供应商的货物集中起来运输，就可以提高装载效率，增加集中运输的次数（多次集中运输）。即使一家公司每天只有一次的运量，数家公司合并起来就可以在一天分数次集中运输了，也就是可以提高 JIT 的水平。另外，比起由各个供应商分别准备货车，循环取货可以用更少的货车运送同等数量的货物，这样也能减少工厂周边的堵车情况，还能减少对环境造成的负担。

对于汽车厂商而言，这样一来就需要规划循环取货的路线，还要和物流公司进行各种商谈，虽然会增加工作量，但是可以提高 JIT 的水平，物流的效率也会更高。

便利店的货品采购从前也是由啤酒、牛奶等各制造商自行安排物流进行配送的,但现在也改成了循环取货的方式。

北海道的连锁便利店 SEICOMART 现在甚至已经将从前没有纳入循环取货范围的书籍、杂志也一起混到同一台货车中运送到各个店铺了。

物流上的改善对于任何企业来说都是不可或缺的一项业务。

35. 丰田员工食堂的改善

如果你去丰田工厂的员工食堂参观一下,就会发现很多有意思的地方。丰田生产模式的改善思路在这里得到了具体展现。丰田为了缩短从客人到达员工食堂的入口到吃上饭之间的备货期做了很多努力。

无论在哪家公司,到了午休时间,都会有大量的人员一起涌到食堂。员工要在很短的午休时间里吃完午饭,稍微去晚一点,可能就要排到最后,等排到自己的时候想吃的菜可能也没有了。这时候有人可能就会非常烦躁,甚至与食堂的工作人员发生口角。好不容易拿到午饭了,找到座位坐下之后，想倒一点酱油，却发现酱油瓶里一滴酱油都不剩了……

不仅是员工食堂会这样，写字楼附近街面上的饭馆，到了午餐时间也经常会发生这种事情。

但是丰田的食堂却做了改善。丰田员工食堂的队伍长度总是很短。在新冠肺炎疫情暴发前，他们就已经开始避免人员聚集了。

首先，他们在食堂入口到取餐窗口之间的地面上画了红、绿、黄等颜色的线。红色为"今日套餐"，绿色为意面等西餐，黄色为面类等。这样一来，想吃乌冬面的人就会沿着黄线排队，想吃套餐的人就会沿着红线排队。只是在地面上画上几条线，队列的长度就能压缩到原来的三分之一。

类似这样的小改善有很多，因此丰田的食堂虽然也会有队列，但和没有改善前的状态完全不同。

此外，丰田还有一些让员工食堂工作人员的工作更加轻松的改善。食堂常备的酱油、酱汁等调味料并没有放置在各个餐桌上，而是一起放在了客人取好餐后的调味料桌上。

选择了炸猪排的人就在调味料桌上自取炸猪排酱汁，浇好后端着午餐去就餐的餐桌。选择了生鱼片的人就倒一小碟酱油，然后去自己就餐的餐桌。调味料桌上每种调料都摆着好几个瓶子，就算其中一个空了也不要紧，再从别的瓶子里倒就好了。

虽然这也是一个小改善，但这样一来，往各个餐桌摆放酱油，给餐桌上的空瓶添酱油的工作就消失了，不再需要这部分的人工。如此就可以分配更多的人手去做饭、摆盘了。另外，受新冠肺炎疫情的影响，食堂的情况也发生了一些变化。自助沙拉区，自助取的葱、鲣鱼片都没有了，椅子的数量也进行了减半。丰田食堂就是会这样根据情况快速做出应变。

思考如何改善食堂是一件很有意思的事情。对于这类改善，人们总是会更能集中精神。就像是在玩游戏一样，大家都在非常努力地进行改善。因为关于食堂的改善效果总是立竿见影，而且只是想想就让人非常有食欲。

比如，有一个改善方案是"使用快熟意面就能起到缩短队列的效果"。

然后有人就提出意见说："这种有损味道的方案不能算作改善。"

观察一下食堂的改善，就会发现，改善这件事一定要怀着快乐的心态去做，才能想到激动人心的好创意。

36. 没有什么工作是需要跑着去做的

有些改善是不可以进行的。

从生产、物流到事务、销售乃至食堂，即使是为了提高效率，有些改善也是不能做的。

那就是……

无论是什么工作、作业，都"不需要跑着去做"。

丰田不允许以诸如年末比较忙之类的理由，制订需要"跑起来"才能完成的生产计划，或是要求员工动作快点，或是一味地提高生产线的速度等。

理由很简单。无论是忙的时候，还是不忙的时候，每个人平均的日工作量都应该是均衡的，这是改善的前提。

忙的时候就给忙的部门多加人手，不忙的时候就把多余的人手分派到其他工作上。当然，这时候也不应该让这些人做完全不同的事，而是要分派给他们与之前类似的工作。

丰田并没有培养万能型人才。不过，丰田也没有只会做同一项工作的员工。丰田的员工都是可以触类旁通，做与自己本职工作类似工作的多功能型人才。

例如，生产线上的员工就不会只懂自己手头那点工作，而是对自己两旁人的工作以及与之类似的工作都有所了解，能够快速上手。

再比如行政人员，宣传部的人就不只会应对媒体，也能去做带领客人参观工厂、编辑宣传杂志、摄影等工作，在国外采访时还能做英语翻译。

丰田的宣传人员每个人所做的工作，在其他公司都是要三个以上的专业人才才能做的。这样在忙的时候也很方便顶替。

培养多功能型人才有助于促进工作的均衡化。

而且，工作是每天都要做的，如果非要用跑才能完成，很容易就会筋疲力尽，并非长久之计。

正因为想要轻松一点，人们才会想到要去改善。假如说强加一些要人动作快点的规则，无论是多么认真的人，也很容易想要偷懒，以求轻松一点。

"思考能让工作更轻松的方法，然后去实践。"这种说法更容易激发员工的干劲。

37．关于宝马逆袭之所思

正如前面提到的，思考改善方案的时候，员工想要

"变得更轻松"从而主动去导入改善方案这点非常重要。除丰田之外，还有一些企业也是从这种理念出发去进行改善的。

矢崎总业公司生产的汽车线束上也有"让作业人员更轻松"的设计。

线束是汽车内部统管电力系统的导线，是为电池、发电机、前照灯、汽车导航等电子零件乃至通信设施等供应电力的布线器件，数根电线结成一束。

由于是一种电线，所以线束是金属制成的。因为电线比较长，又是数根结成一束，所以在生产线上工作的员工要拿起线束会觉得相当沉重。

一辆汽车的线束就会用到500～1500根电线，将所有的电线头尾相连，长度能达到2千米左右，重量约合20千克。

据矢崎总业公司的设计师讲，产品设计的要点就是不能只追求电线的性能。性能自然也很重要，但如何方便生产线上的工人作业也是非常重要的。

我曾数次参观生产线上的工人给流转过来的汽车安装线束的作业情况，确实很难说是一件轻松的工作。

作业人员要先拿着沉重的线束钻进车里，然后在车内布线，要安装在车顶的电线就必须仰头举着安装。

于是矢崎总业公司的技术人员便将本来比较长的线束进行了分割。但是，如果只是单纯地把线束分割成短段，就必须加上连接装置（注：连接两段电线或连接电线与其他器件的零件），这样会增加总重量。因此他们选择了减轻线束重量，同时进行分割的改善方案。这样就能减轻作业人员的负担了。

然而，关于安装线束作业的改善并不只是减轻重量。

决定减轻作业人员负担的宝马公司还进行了别的改善。

宝马公司对生产线进行了划时代的改革。工厂里的组装生产线上，到了给车顶安装线束，或是组装部件的地方，车体可以上下翻转。这样一来，曾经只能举着线束往车顶安装的作业就只需要朝下组装了。

改装生产线设备想必花费了巨额成本，还必须要引入各种技术。但是对于工人来说，作业内容却发生了巨大的变化。就线束而言，不需要再举起来安装的话，稍微重一点也没什么关系了。

改善应该让作业人员的工作更加轻松。不仅仅是减轻沉重的零件的重量，而是要让作业人员可以不用再举着沉重的零件进行作业，这才是真正达到了目的。

38. 最大的改善即是创新

改善并非是一切套用丰田生产模式。ZARA 的创始人就是根据自身的实际情况进行了调整，而且将丰田生产模式体系化的大野耐一也认同例外情况。他本身一直很严厉地强调"不能留中间库存"，但在石油危机难以进到涂料的时候，他又下达了"这种涂料产品有多少生产多少，保留库存"的命令。

灵活应对当前的现实情况才是改善。

而效果更佳的改善则是创造出从前没有的新商品。

谈及"新商品"，大家首先想到的可能就是那些冠以"未来""梦中"之类的陈腐名头的商品。昭和时代，日本还出现了很多以"21 世纪型"命名的家电和汽车等。

然而随着时间的推移，对于当时而言的未来，也就是现在，那些所谓的"未来""梦中""21 世纪型"商品都已经彻底消失了。

仔细想想就会发现，推出从没有过的产品也不是百分百会广受好评的。

我和画家千住博一起参观纽约的美术馆时，他站在那些现代美术作品前,数次低喃道:"面对那些不属于以往任何一种范畴的艺术作品时,我总会一瞬间不知该如何评价。"

他还说道:"那些从未有过的作品,总会让人感到很别扭,还有一丝厌恶,不是吗?"

确实如他所言。

纵观美术史也可以看到,印象派刚刚横空出世的时候,也是受到了很多恶评的,被认为是非常别扭,让人觉得厌恶的风格。

毕加索最开始也被认为是美术的破坏者。

音乐领域也一样。

就像保罗·麦卡特尼所作的《Let It Be》或是《Yesterday》,一开始都不被世人所接受。

约翰·列侬的作品也有像《Imagine》《Help》那样旋律比较简单的,但真正能代表他的还是《Come Together》《I Am the Walrus》《Happiness Is a Warm Gun》等作品。乍听之下,一般人恐怕很难觉得这三首作品是名曲。因为这几首作品都非常有别于以前的摇滚乐,是需要结合时代背景去理解的。

新生事物就是像印象派美术或是约翰·列侬的一类音

乐那样，是不属于从前任何一种范畴的事物。

　　看到从没见过的东西时，人们一开始都会觉得别扭。

　　就连现在的智能手机，在刚刚问世的时候评价也不好。我刚开始也觉得智能手机不好看，但是它的功能却远超旧式手机，于是我也很快就习惯了这种设计。

　　如果想要创造新商品，就应该去做别人没做过的东西。

　　不过这也是说起来容易做起来难，要具体地构思出一种全新产品是非常困难的。

　　但是，有一件事却是可以断言的。那便是要将自己做出的新产品拿给别人看。如果别人看了之后词穷了，觉得很别扭，那就有希望了。反而当别人的评价是"太棒了""这肯定会受欢迎"时，你可能就需要重新考虑一下了。能够准确评价新生事物的人基本是不存在的。

改善对人的工作

39. 一流的改善就是学会低头

简单来说,服务和销售工作就是"对人的工作"。下面我将列举一些这类工作的改善思路。

正如4S是生产、物流工作的基本要求,"低头"就是服务工作的基本要求。

服务工作就是通过提供某种服务从他人处获得报酬的一种工作。教授别人知识也是一种服务。服务必须要态度好,不能有上位者的心态。

以前有一些厨师会非常不客气地和客人说,"请您不要一上来就点金枪鱼""我们家禁止吃饭时说话,喜欢聊天的客人可以不要来"之类的话。

还有的人会说,"不满意就不要来,我们家靠味道取胜。"

驾校的教练以前也会大骂学生："喂，你干嘛呢！看路啊！"

以前一些有名的高尔夫球的球童也会对客人说三道四："您再多练练再来我们球场吧。"

不过，现在服务行业已经不可能再有这种态度不好的人了。

客人肯定都不想靠近态度差的服务人员。而且，明明是去吃饭消费的，却要被说教，任谁都不会喜欢。

我碰到那种安静地鞠一躬然后默默服务的服务人员，都会觉得自己这单消费得很值。虽然我是付钱的一方，但遇上那种默默低头态度非常好的服务人员，反而会觉得有点不好意思。

我会觉得，这个人一定是对自己的工作非常有自信。

无论是创意工作者也好，还是销售人员也好，甚至经营者也是一样的。

工作做得好的人，一定是态度谦卑懂得低头服务、让人感觉舒服的人，而不是那种态度傲慢的人。

真正懂得服务的人，首先要学会的就是低头这项技能。

40. 销售人员决不能有个人喜恶

世界上大多数人做的工作其实都属于销售的范畴。

事实上，在汽车行业，销售人员已经不再会上门拜访了。因为上门拜访，家主不在的情况非常多，而且就算家里有人，现在也没什么人愿意给不认识的人开门了。因此，现在汽车销售门店为了促销所做的就是将店铺改装得更有吸引力，例如并设咖啡馆、画廊等，让客人有想来看看的欲望；又或者是在自家店铺或是购物中心的停车场设置一个帐篷搭的销售区域，然后去有客人的地方散发宣传单、给小孩子们发文具或是气球等，也就是将店开到有客人的地方。

那么，剩下的销售人员是什么样的呢？其实就是负责B to B（公司对公司）的人。

也就是说，是那些针对出租车公司、想要买公司用车的公司进行当面推销的销售人员。

这种当面推销，有的销售人员很擅长，有的销售人员却卖不出东西。能说会道不代表销售业绩就能很好。对商品有足够的了解也不意味着就能够推销出去。俊男靓女、笑容美丽或是英俊潇洒也不会与销售业绩挂钩。

销售业绩好的人一定是有介绍人的销售人员，或是在网上的评价比较高的销售人员，还有就是服务好的销售人员。

服务好的人有两个共通点。

一是见到客人时不会觉得"这个人很讨厌"的人。

告诉我这点的是奔驰曾经的首席销售员。

他曾经在住宅区进行随机访问销售，创下了不少业绩，有一次，他这么说道：

"我要求自己做到无论见到谁，都不会对对方产生厌恶感。"

客人当然也不可能都是好人。小气的人、恶心的人、傲慢的人……什么人都有。销售人员也是人，当然也会有合不来的人，有不喜欢的人。

但是如果想要把东西卖出去，就要做到无论碰到什么样的人，都不能产生"哎呀，我应付不来这个人"，或是"这个人好讨厌"的想法。或者说，即使你心底里把对方当傻子，面上也绝对不能表露出来。

这一点也不仅仅局限于销售人员。

传媒（包括网络媒体），或是像我这样的记者，都是会与很多人见面、交流的。如果是专门追踪案件的记者，那么每天打交道的都是些小偷、贪污犯、腐败警官等令人唾弃的人。但是即使如此，记者也不能将"这家伙真讨厌"这样的情绪表现在脸上。即使对方是一个令人厌恶的人，对于进行采访的一方而言，与之沟通仍然是自己的工作。虽然不用笑容满面，但也不能将自己的厌恶之情毫不掩饰地表现出来，与人交流的工作并不能说是一种生产性很高的工作。

41. 必须严于律己

服务好的人的第二个共通点则是都很严于律己。

对于销售人员来说，每个月的销售成绩就是他们工作的评价标准。只要能达成定额指标（也可以说是目标、承诺），就能获得上司的青睐；如果达不成，就要接受教育。

前面提到的奔驰首席销售员就做过"必须要严于律己"的决定。

那么这意味着什么呢？

比如每个月的工作指标是要销售10台新车，其中某一个月到20号就已经卖掉了10台，并且还又接受了3台预定。

"把这3台预定算到下个月吧。这样下个月就只用卖7台了。"

一半的销售员可能都会这么想,毕竟这也是人之常情。

但是,奔驰的这名首席销售员就没有这么做过。他一次也没有玩过这种数字游戏。他会将这13台算作当月的业绩,然后下个月再从零开始努力。就是这样,他在销售一线工作时,一次都没有过业绩不达标的情况。

"我观察过那些会将超额完成的业绩算到次月的前辈销售员,然后我发现他们大多在次月都会完不成目标业绩。因为他们会就此松懈下来。松懈的销售员是不可能达成业绩目标的。销售人员应该时刻保持一种饥饿的状态,越是卖得多的销售员,他的客户越能源源不断地给他介绍新的客户。销售人员一定不能自我放纵。"

42. 员工不应并排站立

有一个男人被称为第二次世界大战后最强服务生。他从赤坂的一家名叫 GRANATA 的意大利餐厅的服务生做起,最后成为公司的专务董事。

他接待客人的方法并非是常规的那种用低头、笑容等方式展现服务态度，这种"态度好"只局限于当场。他的接待方法是对客人进行观察分析，揣测客人的心理，在此基础上再进行行动。

"当客人看到服务员凑在一起说话的时候，就会怀疑他们是不是在议论自己。我就是察觉到了客人的这种心理，便提议员工不要并排站立。"

还有就是只要客人还在店里，就算已经过了打烊时间，也不能有收拾桌子上的调料瓶、撤掉桌布等行为。即使临近打烊时间，也要给客人提供舒适的用餐环境，这是餐饮店应该做到的服务。

最后他牢记于心的一点则是在给客人服务时，说话必须要用心。

他绝不会用非常散漫随意的语气去说"谢谢光临"。

为什么呢？

他是这样讲的：

"据说电影导演黑泽明在考察演员演技时，会确认三句台词的说法：'谢谢''欢迎光临''好的，了解'。

"因为这三句台词都是不用心讲听起来就很不自然的话。

"对于我们服务员来讲，这三句台词非常重要。您可以去任何一家餐饮店，尝试仔细去听一下服务员说这三句话。对方到底有没有在用心讲，一听便知。就连我都听得出，客人听了当然也马上就能感受到你是否用心了。"

我们不难看出，即使是服务业，促成改善的也是独立思考。而且不能只考虑表面和眼前，必须要放宽眼界、深入思考。

43. 商品与服务的改善应有利于顾客提高效率

员工在工作中使用的工具都是被给予的。例如，在生产一线使用的冲击扳手、螺钉旋具，行政人员使用的电脑、手机等。

这些都是被给予的东西。被给予，听起来是个让人高兴的词。可以免费使用，还是自己专用的，这是一种单纯的喜悦，也会想要尽量维护好发给自己的工具。但是如果这些工具一直都是统一标准的，公司发什么就用什么，那么员工的生产效率是不可能提高的。应该在可容许的范围内，找上司进行一些轻松的交谈，建议将那些工作工具换成自己用起来更顺手的工具。

"以前锻造现场的员工用来取锻造品的铁筷子都是自己

造的。"

在丰田汽车一线工作过很久的河合满这样说道。用来从熔炉里取出锻造品的铁筷子也有现成品，但是员工们都选择用铁棒来锻造一把自己用起来更顺手的工具。

如果想要在一个地方长久地工作下去，就不能只是尽量维护好发给自己的工具，而是要想办法用上自己用起来更顺手的工具，这样也能够减轻很多工作压力。

还有那些别人布置给自己的工作，如果只是人家说什么自己就做什么，就会变得好像是一个只听"主人"吩咐的"仆人"。而那些过了很多年，还是只会在同一个时间做同一项工作的人，渐渐地也会遭到"主人"的抛弃。

不只是工作工具，那些"被给予"的工作也需要改善，应该要想办法让自己能够更轻松地完成那些工作。

不过那些由自己创造的工作，或是由自己开发出的客户，不适用上述情况。

对于那些公司给予的工作，员工只需要考虑如何能够尽量节省自己的时间和精力进行改善即可。

假设现在有一项工作是让你去预约一位公司经营者或是名人，你是会选择发邮件，还是打电话，或者是写信呢？然而那些难见一面的人往往也会非常难联系上，即使正面联系了，一般也都是无用功。那么这时候就应该先在公司内部，或者是在自己的社交圈里找一找看是否有能够传上话的人。哪怕只有一丁点可能性，就可以从这点入手进行接触。

应对那些被给予的工作，首先要做的是预估将要花费自己多少时间和精力，然后尽早将它完成。

丰田生产模式中有一条规则是"人只做人能完成的事"。机器能做的事都要尽量交给机器去做。

人能完成的事即是指只有人才能做到的需要创造力的工作。在工作过程中发现一些问题点，然后进行改善。而如果一个人无法做到这样的成长，那他就没有在做"人"做的工作。

我认为所谓的被给予的工作就是换成机器也能做的工作。那些预约的工作未来都会由人工智能（AI）来完成。被指派的工作、被给予的工作，这些将来都会变成机器去做的工作。因此，要尽量节省自己用在这种工作上的时间和精力。

而与此相对的，那些需要自己去创造新产品、思考服务的工作则需要用心去做，必须要全心全意地投入这样的工作。重要的是，在这种情况下一定不能吝惜自己的时间和精力。

另外,在创造新产品、思考服务时,应当考虑如何提高顾客或是用户的效率,做出的商品应该是能够节省顾客的时间和精力的。

换乘指南 App 是最能体现这一点的。开发换乘指南 App 必然耗费了开发人员巨大的精力。但另一方面,用户肯定会选择"用起来很方便""不用再费脑筋想怎么换乘""能够节省很多麻烦"的 App。

一个商品或是一种服务,哪怕设计得再酷,装饰得再华丽,哪怕请来名人推荐,只要顾客用起来觉得麻烦,就一定不可能有好销量。

44. "东北饺子"为什么要使用小号中式炒锅

"东北饺子"对于工具的改善可谓是一个经典案例。

"东北饺子"是一家中华料理连锁店,店铺数达 90 家。经营范围主要在东京都附近及琦玉县,关西地区的大阪、兵库也有 10 家店铺。

中华料理连锁店品牌有"王将饺子""日高屋""幸乐苑"等,不过"东北饺子"倒是其中极具个性的一家。他们家最具特点的一点便是菜品极其健康。他们尽量控制热量，餐盘中绝不会留有多余的油；使用的蔬菜除了榨菜、木耳、竹笋、香菇以外，均为日本国产；并且，使用的蔬菜中三成都来自他们的自营农场。

他们使用的大米、面粉、猪肉、鸡肉也均为日本国产。其中用来做面条的面粉产自栃木县，用来做饺子皮的面粉则产自北海道。

他们的菜单上仅有的一项油炸食品是"盐味炸鸡"。据说以前他们的炸鸡上浇的是浓厚的糖醋汁，但他们的女性社长认为这样热量太高了，要求换掉，于是他们就改为了盐味炸鸡。

他们家的米饭也很有讲究，有精米和糙米可供顾客选择（有部分店铺只供应精米），而炒饭则是固定使用一半精米和一半糙米搭配烹制。

在餐饮连锁店中，打着健康旗号的并不在少数。然而将糙米放在如此重要地位去追求健康的餐饮店，恐怕也只有"东北饺子"一家了。

观察一下他们的店铺就会发现，他们家无论是烹饪人员还是服务人员中，女性都占了多数。更准确点来说，其中大多都是当地的阿姨。

于是他们便对烹饪用具进行了改善。

为了方便女性员工使用,"东北饺子"将烹饪用具改为了小号中式炒锅。因为如果使用传统型号的中式炒锅,在炒饭时单手颠锅对女性来说就太重了,所以"东北饺子"做出了使用小号中式炒锅的改善。

也正是因为对烹饪用具进行了改善,"东北饺子"的员工生产效率得到了提高,做出来的菜品味道也变得更好了。

45. 持续记录未卖出商品12年

柳井正在创办优衣库之前,曾经回到故乡山口县宇部市在父母创立的男装店二号店做过店长。那是一家街上随处可见的极其普通的男装店。

那家店铺在12年间既没有扩张也没有倒闭。不过,对于他而言,这家店铺带给他的收获应该是给了他一个很好的思考"优衣库"这一休闲服装新型经营模式的契机吧。

柳井刚接手男装店,之前的员工就辞职了,于是他只能一个人包办销售、采购、打扫卫生等一切事宜。

那时候他每天关店前都会做一件事。

那便是"记录没有卖出去的商品"。

有很多人都会记录热销商品进行补货，但是柳井每天坚持记录的却是没有卖出去的商品。

他会一边记录一边思考一些问题。

"为什么这件衣服没有卖出去呢？"

是设计太难看了？价格太高了？上货的季节不对？还是说衣服本身有问题？

另一点则是"要怎样才能把没卖出去的服装卖出去？"

那些没有卖出去的服装，基本上只要降点价就卖出去了。但是也有降价也卖不出去的情况。这种情况就是衣服本身有问题了。

通过降价就能明确商品卖不出去的原因。

他就是这样持续记录了12年，最终找到了卖不出去的服装的特点。

之后，他便有了只采购自己觉得"这件能卖得好"的服装的能力。

他开始作为买手，走遍日本全国乃至中国香港地区。

柳井是一位极其出色的买手。虽然他也有经营才能，但是优衣库之所以能成功，还是因为他参透了休闲服装的卖点，知道什么样的休闲服装会好卖。

柳井所做的努力便是坚持记录没有卖出的商品多年。

46. 幼儿园也能改善

Coby 集团是一家经营学前教育机构的公司,以千叶县为中心经营有 37 家托儿所、儿童保育机构。

该集团旗下的托儿所对儿童的教育与传统托儿所截然不同,很多非保育行业的人也会来园参观。

该集团托儿所的宗旨是"通过动真格的体验激发孩子们的潜能"。

因此,他们为了教育幼儿做了几项改善。

(1) 使用真正的陶瓷餐具

一般来说,托儿所、幼儿园、小学给孩子们用的餐具都是塑料制的或是铝制的,但是 Coby 集团却给孩子们用真正的陶瓷餐具或玻璃餐具。

该集团创始人的母亲就是被誉为"传说中的保育师"的小林典子。这一做法正是遵循了小林典子的理念。

她曾经这样讲道:

"要给孩子用会摔碎的餐具。

"你只要告诉孩子'这是一摔就会碎的餐具',他们就不会摔碎,而如果你告诉他们'这种餐具摔了也不会碎',

他们反而会把餐具弄掉。因为这两种情况带来的想法是完全相反的。让孩子们使用会摔碎的餐具，可以培养他们爱惜东西的美好品性。"

（2）将梯子的角度调陡

Coby集团的一家托儿所曾经装修了一个阁楼。负责人向装修公司提出了"尽量把梯子造得缓一点"的要求，但典子老师却提醒道："你这种想法很奇怪。"

"把梯子造得缓一点，乍一看好像是更安全了。但是这种看起来很安全的倾斜度却会让孩子们失去紧张感，反而更容易跌落。将梯子造得陡一点，孩子们反而会更小心地上下，不容易跌落。"

（3）让孩子们踮起脚尖走路

"不要在走廊里乱跑！"

大人们总是这样提醒孩子。但是，这些大人小时候肯定也都在走廊里疯跑过。

不要乱跑这种提醒对于孩子们而言并不实用。

典子老师为了不让孩子们在走廊乱跑，是怎么做的呢？

她碰到在走廊上疯跑的孩子，会微笑着教育他们：

"听好，你要踮起脚尖慢慢走路，不要发出声音。"

听到不许乱跑这样的命令，孩子们反而会生出逆反心理，跑得更欢。

而另一方面，"踮起脚尖慢慢走路"这样的命令对孩子来说反倒是一个新鲜课题。比起疯跑，踮起脚尖慢慢走似乎更有趣，孩子们就会愿意尝试。

"快去学习""快去工作"这样的提醒是否具有效果尚还存疑。

提出一个让人有兴趣的课题更重要，而思考这样的课题则是领导的责任。

典子老师的改善理念不仅适用于托儿所，对于指导员工而言也很有用。

(4) 保育师日常不要穿运动服

日本的托儿所、幼儿园的老师大部分都会穿运动服。因为运动服既方便行动，又不怕弄脏。

但是 Coby 集团却要求老师全部统一穿着制服，而非运动服。

制服是白色衬衫配驼色的裤子，女老师可以在脱子上佩戴喜欢的丝巾。如果园长是男性，就要穿上西装系好领带，在家长带孩子来园时出门迎接。

"保育师也是孩子们想象未来的一个形象来源。必须要保证保育师是一个可以让孩子们憧憬的形象。

"没有孩子会去想'将来我也想像这个老师一样穿运动服'。

"和孩子赛跑也一定不能放水。必须要让孩子觉得大人真厉害，大人好帅，憧憬老师才行。"

这一理念也适用于公司员工。上司必须要能获得下属的尊敬。在公司里穿拖鞋肯定是不行的。

到了夏天，街上都是穿简便商务装的人，穿西装的人大多也都不系领带。确实，日本的夏天再系领带的话很难受。没有人能要求别人在满员的通勤地铁上系领带。

但是，在出席重要会议、拜访客户、出席正式晚宴等重要场合时，还是穿上白衬衫、高级皮鞋并系好领带比较好。

这样能够给别人留下一个更好的印象。

优衣库的创始人柳井正即使在三伏天，穿西装时也一定会系上领带。

他曾明确表示："我不会穿简便商务装。"

减少会议

47. 部门人数应在 8~10 人

公司中一个部门的人数最好维持在 8~10 人,而非 3 或 4 个人,这样才更有利于沟通。如果公司规模比较小,那么与其分成总务、宣传、报道几个部门,每个部门分 3 个人,不如直接在一个总务部下面划分出宣传组和报道组。

指导丰田生产模式的尾上曾经用丰田生产线的例子来说明灵活划分部门的重要性。

"例如有一条生产线本来是单人作业的,但由于工作量提升了 10%,于是一个人无法完成,便又增加了一个人手。但这些工作量如果 2 个人做,又会出现空闲。这实际上是 2 个人在做 1.1 个人的工作,这 2 个人的等待时间都会增加。

"但是,如果是一条 10 人的生产线,平均每个人都增加了 10% 的工作量,那么 1.1×10,正好是 11 人份的工作量，只要增加一个人就可以了。这样就不会造成人手空闲了。反之，如果是平均工作量减少了10%，生产线上的人数也只要减到9人就可以了。

"大组要比小组更方便灵活。"

48．报告完成时间、完成天数

与工厂的工作不同，事务性工作很难设定一个标准作业。

写企划书、打报告等工作的完成时间都会因人而异。

这种情况就需要让员工自己报告完成企划书的时间。报告时要将工作内容进行分类，根据内容来填写几小时完成或是几天完成。

比如采访、收集资料需要2天，设计企划草案需要3天，完成企划书需要2天等，先做出具体的时间分割。

然后再将员工自己报告的时间缩短一点，设定为标准作业时间。这样就不会产生空闲时间了。

工作内容以及完成所需时间，都应该是由做这项工作的人自己去思考的，这是理所当然的事。能否预计出完成时间，正体现了当事人有没有理解这项工作。

49. 不需要做的改善

有的工作是必须要去做的，而有的工作却并没有做的必要。

像"外婆的火鸡"那样的工作，就属于应该首先取消的工作。

其次应该取消的就是强行逼迫员工做的工作。

像丰田这样常年都要求寻找改善点的公司，就会逐渐出现一些把细枝末节的事也当作待改善对象的人。曾经在生产调查部指导改善工作的尾上碰到这种情况时就会说："这真的需要改善吗？""连这种鸡毛蒜皮的事也要做，这真的是改善的本质吗？"

"曾经有个部门的人做出过这样一个提议。据说是因为发动机舱的一个没人会注意到的角落偶然出现了一个小飞边（注：加工过程中出现的金属溢出物或附着物）。

"于是这个人便表示：'我们发现了这点并进行了改善。连这样的细节我们都能发现并进行改善。'

"但事实上，这项改善需要花费非常多的精力，首先找到这个问题就非常费力。客户基本上也不可能会打开发动机舱盖去查看那种边边角角。可能几万个人里才有一个人会做这种事。

"连细枝末节也费时费力地认真改善，这种做法听起来似乎很好，但是，改善的本质是为了提高生产性，不需要在那些没必要考虑的细节上花费工夫。于是，我告诉他们这种事不用去做。"

日本人听到那些注重细节、关注别人不会看到的边边角角之类的故事，总是很容易感动。然而，与其在这种谁也不会在乎的细枝末节上追求精细，还不如将所有人都会在意的涂装品质再提升一点。这才是改善本来的目的，对客户而言也更有利。

改善的目的是提高生产性，不要为了改善而去改善。

丰田的理念是追求"合理品质"。恰到好处的品质，本就应该达到的品质是怎样的品质？与价格相匹配的品质又是怎样的品质？

思考清楚这些问题，然后做出达到应有品质的产品，就是丰田的理念。如果不论什么细枝末节都要教条地去追求提升品质，成本就会变得不可控了。

如果要求卡罗拉达到像雷克萨斯一样的品质，那么卡罗拉就得涨价了。而选择卡罗拉的顾客追求的品质也就是卡罗拉水平的品质。如果他们想要更好的品质，就会去选择雷克萨斯而非卡罗拉了。

那些让顾客觉得货不对版的产品自然不可取。在保证品质的同时不给顾客增添经济负担，才是合理的品质与合理的价格。

50．会议的改善方法

一位与尾上一同工作的女性员工曾经举手提议道："我也有一项非常想要改善的工作。"

"您想改善什么呢？"

如此询问后，女性员工断然表示道："是会议的准备工作。"

她必然是觉得在会议的日程调整、人员召集、议题分发工作上浪费了太多时间才会提出这样的意见。

该部门每个月都会召开全部门会议。会议会有 3 位领导干部参加，总体出席人数大概会在 30 人左右。相信每个公司都会开这种规模的会议吧。

改善前的会议筹备工作大概如下：

1）3 个月前决定好会议日程。负责会议准备工作的女性员工查好3位领导的日程，选择他们都有空的日子作为开会时间（3位领导的日程一般很难凑到一起）。

2）预订会议室。确定好会议日程后马上要做的就是预订会议室。如果没有空的会议室，则要再重复1）中的工作。

3）将会议概要发送给预计要出席的人员。了解人员预计出席情况。

4）确定好出席人员后，决定桌子的摆放方法，制作座次表。每次出现人员出席情况发生变化，都要重新调整座次表。

5）要求在会议上发言的人制作发言资料并于会议前1周提交。会议前1周还未提交发言资料的，需要进行催促。

6）迎来会议当天。

分析一下这3个月的工作就会发现，基本上第一周就完成了一部分工作，之后的2个月什么都不用做，然后在会议开始前1个月确认出席人员会议当天的出席情况，确认是否已经收到了发言材料，没有收到的需要进行催促。会议当天分发座次表，准备瓶装水等。

负责这些工作的女性员工做出了如下改善：

1）将需要数名领导参加的会议固定在同一天召开。比如某个月最后一个周一的上午 8 点。这样就不需要再每次调整领导的日程,也不用再每次都向预计出席人员发送召开会议的通知了。会议室可以提前预约好当年的全部日程。这样会议召开前 3 个月需要做的工作就不用再做了。

2) 接着是调整座位表。只决定好 3 位领导的座位,其他全部变成自由坐席。这样一来制作座次表这项工作就不用做了,也不会因为情况有变一直调整。

3) 催促发言资料这项工作也取消。如果发言人自己做慢了或是忘记做了,就自己负责。仔细想想,这样也是理所当然的。

尾上认为她提出的改善意见非常好。

"这样会议准备工作就能压缩到五分之一了。不过我还是在深刻反省,为什么之前没有改善会议准备工作,为什么没有发现原来这项工作这么浪费时间。如果大野(耐一)先生在这里的话,肯定会很生气地说:

"'为什么你们之前都是这么开会的?为什么之前都没有改善?'

"在她提出来之前,谁都没有想过要改善,这是最大的问题。不只是会议准备会有这种问题,我们工作中可能有很多之前搁置下来的事情。生产调查部自己就是指导改善的部门，却连开个会都要浪费这么多时间。"

51. 真正有必要的会议其实并不多

尾上苦笑着继续讲会议改善的问题。

"这个讲出来就是个笑话，当初我们着手改善会议的时候，先是给大家都发送了一封邮件讲这件事，但是信息共享做得不到位，最后还是不得不召集了所有人开了个会说这件事。听起来很傻对不对？一个为了提高召集人员工作效率的改善，最后还要召集所有人过来说明。

"然后我们还一并进行了一系列有关会议的改革，结果就是公司内部会议几乎减少了50%。会议、委员会这种东西都是放着不管会越变越多的，必须要召开会议决定'削减会议'。不管是什么公司，肯定都会有没必要开的会。减少会议就是一项大改善了。

"有的会议是为了分享信息，有的则是为了决定事项。

"分享信息的会议中，需要分享的信息又分为只要发封邮件就能解决和需要召集相关人员进行分享两种情况。分享信息的会议只需要留下真正有必要的那种会议，出席人员也要进行精简。那些只是觉得'也让他来出席一下比较好'的人，就不要再叫来开会了。

"接着是决定事项的会议，这种就只需要叫做决定的人参加即可，并且必须要在会上做出决定，必须要明确目标和目的。

"这样就能减少会议的数量了。"

听了尾上的话，我想起这样一个问题。

基本上只要采访公司的社长或是领导，旁边都会有宣传课长或相关负责人旁听，甚至有的公司还会让部长也来旁听。

而丰田的领导在接受采访时也会有相关负责人进来，但并不会坐到旁边，而是会远远地坐在一边。有时候也会只有接受采访的领导一个人在场。有时相关课长或是负责人会在开始时同席一段时间，然后离开。

就是一种"回答采访问题是经营层领导自己的责任"的感觉。

比起旁边站着相关负责人，接受着周到的指导回应采访的领导，一个人应对记者回答问题的领导显然觉悟要高得多。

结论就是自己单独应对采访的领导更能说会道。

这种单独接受采访的领导，我个人是经历过的，老牌公司里只有大荣的中内功、三得利的佐治敬三、索尼的大贺典雄，新兴公司里也就是优衣库的柳井正、软银的孙正义、乐天的三木谷浩史、CyberAgent 的藤田晋而已。

不过，因为我采访过的企业领导也没有很多，所以单独接受采访的企业领导肯定不止这些。那些一定要求宣传人员同席的情况，很多时候可能领导自己一个人也是足够应对的。

听了丰田改善会议的例子，我便想到了这一问题。这种应对宣传采访的工作，各家公司进行一下相应的改善，可能也会减轻不少工作量。

52. 出差只需要带一包行李

负责指导改善的生产调查部的人员总是面临很多出差，可能每周都会因为出差在外留宿几天。那么他们出差时都是怎么准备行李的呢？

我询问了尾上先生是否有什么好的改善点。

"我不知道这对大家会不会有帮助，不过我们是有一个原则的。

"那就是出差时只带一包能随身带上飞机的行李。例如，美国的航空公司经常会发生托运行李丢失的问题，所以我们都不托运行李。还有就是如果托运了行李，那在转盘处等行李会非常浪费时间。如果是一周以内的出差，那么不管去哪里，我们都是只带能随身携带的一包行李。"

如果要将行李压缩到小小一包，肯定需要做一些取舍，那么一定要带的行李有哪些呢？

"因为我们主要是去工厂出差，所以肯定要带工作服。乘坐飞机时都是穿西装的，不过现在我们都不会打领带了。

"我们会穿安全鞋，基本上出差就只穿这么一双鞋了。安全鞋看起来和运动鞋比较像，也会比较轻。如果另带安全鞋的话，行李的体积则会变得比较大，不如直接穿着它去出差。

"虽然也可以到了目的地再借安全鞋穿，但出差时总是需要走很多路，要是鞋子不合脚的话可能会掉跟，走起路来会很累。

"我们会极力压缩行李，只是不带鞋子这一点就能压缩很多空间了。就我 20 多年的出差生活而言，我觉得最大的改善就是不带鞋子这一点。

"另一个不要带的东西就是睡衣。上面穿一件旧 T 恤、下面穿一条短裤就可以了。这样出门工作的时候就可以把旧 T 恤放在酒店，回到酒店的时候就穿 T 恤和短裤。"

我这么写出来，可以想象到有一些读者会觉得"真邋遢""居家服和睡衣竟然是同一套""丰田的领导干部竟然这么不讲究"等。但是，为了只带一包行李就能应对一周的出差，这种断舍离是必须要做的。

与此相对的，他每天都要换内衣和袜子，这些都会每天在酒店清洗。

还有就是文件也尽量不带纸质的，都用平板或是手机进行工作。

另外，还有一点和改善无关的闲话。尾上先生携家人在美国旅游的时候，会在车上带上一个电饭煲。

"当我们怀念日本菜的时候，就会在酒店里自己蒸饭做饭团吃，而不是去旅游地的餐厅，或者就自己蒸饭然后浇上袋装咖喱吃……这不是为了省钱，而是我和我的家人都觉得这样更好吃。"

一周左右的自驾游，即使是在日本国内自驾游，带上一个电饭煲，我都觉得并不奇怪。这样一来，我就可以在旅游地当地的市场买一些新鲜的海鲜和蔬菜，然后在酒店自己烹饪。

我自己旅行时也会带一个小烤箱。我会买一些当地刚捕捞上来的海鲜刺身和干货，然后再买一些当地的酒，最后去超市或是便利店买点米饭，并让店员加热一下。

刺身就直接吃，干货我会放到烤箱里烤一下，还可以烤点比萨、三明治，加热点沙丁鱼罐头。这样在酒店喝酒时的下酒菜就很丰富了。我不知道这样是好还是不好，但比起只用些干货和奶酪做下酒菜，这样肯定更有滋味。

不过，这都是自驾游一周以上的情况。如果是自己去国外出差三四天之类的情况，就不需要带电饭煲和烤箱这种东西了。

53. 重要的事情尽量背下来

尾上先生的工作是去生产一线或是物流一线帮助他们减少无效工作，提高生产性。丰田的生产调查部常年就是做这项工作的。

负责指导的领导就像茶道、花道的老师那样事无巨细地教育后辈。从前的指导教育可能还会稍微带一点职权骚扰的感觉，最近就完全不会了。现在的职场和从前相比要平和很多。

在这个部门工作时，尾上先生发现了改善指导工作中非常重要的一点。

"我的上司林南八被大家称为魔鬼上司,而他教会我的一点便是'重要的事不要做笔记'。

"他对我说过:'听好,尾上,记笔记会容易忘的。要把你认为最重要的事牢牢记在脑子里,而不是写在笔记本上。'"

当然,话虽如此,有些地方也还是要记笔记的。

假如我们去汽车厂巡视了一圈,参观了冲压、车体成型、涂装、组装工艺,需要做笔记的就是"冲压工艺开始阶段""涂装工艺结尾阶段"等需要改善的地方。

而关于改善方法的意见则不用写下来,要刻印在脑子里。改善意见要在巡视完整个生产过程后,在总结会上直接口头讲出。

我旁观过很多次尾上先生在生产一线提出改善意见的情景,他确实不怎么记笔记。但他却能在总结会议上事无巨细地指导将近一小时,当场就提出改善方案,让大家一起讨论,决定出改善方向。

54. 消除惯性、无效和滞留,开动脑筋

改善指导人员无论去哪个生产现场指导,都会注意以

下4点：

①重新思考根据习惯延续至今的工作项目。

②废除无效作业。

③关注滞留、停滞、库存，尽可能消除滞留和停滞作业；只保留最低限度的库存，不允许变更库存数量。

④开动脑筋思考。出现新型高效机器时，想办法低价引进。

改善意见主要就是基于这4点。理解了这4个要点的人，只要多去几个生产现场，就可以做到不记笔记也能在脑海中总结出改善方案并进行指导了。

"林先生记性真的很好，怎么都不会忘。我们提出改善方案或者改善意见之后，可能隔3个月，也可能隔半年会再去回访。这时候林先生还能牢牢记得当初自己说过的所有改善意见。

"如果对方有没改过来的地方，他就会指出'我之前不是说过这里要这样吗？'这样对方就会按照他说的去做。改善指导不能只是说说就算了，事后的跟踪反馈也非常重要。想要改善就得有跟踪反馈。为了在跟踪反馈的时候让对方感到吃惊，也必须做到不记笔记也能记得自己当初说过什么改善意见。"（尾上）

不仅是改善,在教别人做事的时候,自己也一起做这点非常重要。然后就是一定要进行事后跟踪。如果没有事后跟踪,那么别人就不会去做你教的事。

不做笔记,多去现场,可以让对方感觉到你和他们是在一起的。

55. 区分正常与异常

前面提到的 4 个改善要点中,有一条是发现无效作业并废除。那么,他们又是怎样发现无效作业的呢?

"就是区分正常与异常。"(尾上)

"首先要制定出一个标准来定义正常作业,让人能清楚地理解什么样的是正常作业、什么样的是异常作业。比如,制造生产线上的正常作业,就是要在保持最低限度的库存基础上保证生产线运转。

"这样一来,如果生产线上积压了东西,就代表出现异常了,这时候就要思考怎样才能解决异常。反之,如果生产线上的工人都很闲,工作很不饱和,这也是异常,这时候就要思考怎样让工作饱和起来。还有,如果一项作业很难完成,也算异常,这时候就需要思考怎样才能让这项作业更好地完成。

"在两条生产线间来回奔跑作业,也是一种异常。没有什么工作是需要跑着才能完成的,必须要对此进行改善,使作业节奏慢下来,让工人可以不用奔跑也能顺利完成。如果需要跑着才能完成工作,那每天都要生产几百台车,不可能有人坚持得下去。

"物流、事务性工作也是一样的。如果有人忙得不得了,连午饭都没空吃,不眠不休才能完成工作,那肯定也出现了异常,需要进行改善。这时候就需要去询问这个人的工作流程,然后废除无效作业。如果这样还是减轻不了这个人的忙碌程度,就只能给他减少一些工作量了。

"这是关于生产一线的例子。从结果上来讲,比起那些看起来非常忙碌的人,工作节奏平稳顺畅的人反而能更快地完成工作。那些看似非常忙碌的情况,仔细查一查就会发现,都是因为无效作业堆积了太多。"

尾上先生曾经受到丰田社长丰田章男的指示,去教一个美国人如何改善。于是他将那个人带去了京都,让他体验了一下茶道礼仪。他让那个人穿上和服,将其带进茶室,请点茶师给他点了一碗抹茶。

"我来告诉您今天为什么会带您来这里。日本茶道有着非常严格的规矩。茶罐放在哪里、沸水如何冲入、茶筅怎么击拂，一切都是有标准的。就是因为这些道具放置的地方和点茶的手法都是有标准的，点茶的人在想要取茶筅的时候，才不会手忙脚乱地去想茶筅放到哪里了。

"您再仔细观察下点茶师的动作。取茶筅，快速击拂使抹茶溶于沸水，一系列点茶的动作如行云流水一般，非常漂亮。我们想要的就是在生产一线也能看到这样行云流水的情景。丰田生产模式下，熟练的工人在工作时会像在跳舞一样流畅。我们之所以邀请您来京都体验，就是希望你们一定要学习到这一点。"

尾上先生想要给美国人展示的就是没有一丝无效作业的流畅动作。据说美国人很喜欢这次研修。

专业点茶师的动作和运动员也有相同之处。观察一下运动员的动作就能发现，一流运动员都不会用任何一丝多余的力气。专业棒球运动员也好，专业高尔夫运动员也好，他们的动作都是游刃有余的，绝对不会有手忙脚乱的情况。

以前迈克尔·乔丹的投篮，与其说像整个人飞了起来，不如说像在空中游泳一样游刃有余。他的运球也像是在跳舞一般。

丰田的理念就是，生产线也可以像运动一样消除一切无效动作。不过，如果是会打高尔夫的人应该能够理解，要学会不费力地挥杆是需要相当长的时间的。不会打的人，无论怎么教导，开始时都会非常用力地挥杆。

改善不仅是要转变观念，还需要一定时间的反复练习。

对于工厂里那些看起来非常忙碌的工人，需要这样提醒他们：

"不要只求动作快，这样作业时间反而会更久。要学会只用最小限度的动作去完成作业，这样才能提高效率。动作越快，越会产生无效作业。"

改善管理职务

56. 对加班秉持怀疑心态

由于劳动改革的普及，大企业现在都不能让员工长时间加班了。虽然一律不允许加班多少也有点问题，但正是因为不进行管制的话，奖励加班的企业永远也不会减少，所以只能这样采用一刀切的政策。

如果要说加班究竟是正常状态还是异常状态，那毫无疑问应该算是异常状态。如果每天都要留下来加班到很晚，那肯定是哪里出问题了。加班太多的人必定需要改善一些地方。

一直在加班的人往往都认为自己做的工作很重要，而且不能找其他人帮忙。

要想减少加班，就需要有一个旁观者在一旁观察那个人的工作，并将工作流程及各步骤所用的时间汇总成图，然后去除掉那些无效作业。无论是事务性工作还是销售工作，其改善方法和生产一线的相同。

下面就拿汽车销售点的销售工作举个例子吧。

在第七章也提到过，以前汽车销售采用的方法一般是随机访问。销售员通常在一条街上挨家挨户地按门铃，自我介绍自己是某某品牌汽车的销售员。采用这种销售模式，哪怕是名牌汽车可能也只有百分之一的概率卖出去。

现在如果还这么去推销的话，那么可能一天去上几百户也卖不出去一辆。因为八成人可能都不在家，就算在家也不会轻易应答。而且在家的人大多是老人或孩子，随随便便推销出去了搞不好还会闹个社会新闻。

曾经有效的销售手段随着时代的变迁也失去了作用。

没有了这种随机访问式推销，销售人员的工作一下子减少了很多。当前的普遍做法是双休日和节假日将客人聚集在店里进行商谈，再加上灵活运用 IT 手段。提醒顾客需要进行车检也不再是随便打电话去通知，而是改为车检前 3 个月或是 1 个月左右发邮件通知了。

当然，也有没有实现 IT 化的销售点，以及仍在继续采用随机访问方式推销的地方。但是，销售业务的整体情况确实是从跑断腿的模式转变成了使用 IT 方式销售。

不过，这种变化大多都不是因为内部提议导致的。

因为要让人改变自己正在做的、自己赖以生存的工作是很困难的。

比如，我是靠写书赚钱的，但是出版产业规模现在每年都在缩小。以后只靠写书究竟还能不能赚到足够的生活费还未可知。我可以自己想有没有什么别的副业可以发展一下，比如转行成一个YouTube博主，但其实也很困难，于是就这么拖着拖着，最后我还是维持在平常和编辑聊天讨论的状态（事实上我不会转行成YouTube博主，但已经找到了一个新方向开始工作）。

总之，找一个旁观者来协助梳理是很有必要的。然后，要稍微强势一点要求旁观者指导自己改善。

如果说生产调查部是丰田改善生产、物流业务的团队，那么流通信息改善部就是改善销售业务的部门。

北明健一曾经在生产调查部指导工作，后来也去流通信息改善部指导过销售业务的改善。

而他也提出了几条有关改善的提示。

57. 人只会听从自己尊敬的人所说的话

"指导改善的时候一定不能以上位者的口吻来说话，傲慢是不可取的。"

北明在生产现场、销售现场指导过很多改善，但他从来不会以上位者姿态来进行指导，永远都是低着头，面带微笑且毫无压迫感。仔细想想，尾上先生也是这样的。两个人都是那种很常见的眼角有些下垂的中年男人。

"我只是个普通大叔。"他总是这么说。

"指导改善这项工作就是烦恼、思考、执行的集合，要摸爬滚打，付出很多辛劳才能完成。我年轻的时候经历过太多这种情况，非常了解。"

北明大学一毕业就被分配到了生产调查部，据他说工作中最痛苦的就是去需要协助改善的企业然后遭到无视的时候。

"这位是从丰田生产调查部过来的指导人员。"

别人会这么介绍他。但由于他还只是个新人，什么也做不了，就只能站在一旁看一起过去的前辈是怎么指导的，默默记下前辈的改善方法。由于企业也知道他的地位，因此不会有人去和他搭话。

"丰田来的那位先生，来喝点茶吧。"

"丰田来的那位先生，该吃饭了。"

"丰田来的那位先生，这是您的房间。"

没有一个人会叫他"北明先生"。因为他什么也做不了,所以别人只会一直叫他"丰田来的那位先生"。吃饭的时候也是,前辈会和企业的人边聊天边说话,而他只能一个人默默吃饭。

晚上住宿也不会住商务酒店。直到现在,丰田的生产调查部、流通信息改善部的人员出差时住的也是对方公司的宿舍或是福利设施。

北明回忆道:"被人无视是很难受的。但让我高兴的是大概过了一个月左右,别人跟我说'早上好'的时候。"

其实对方企业也在观察过来指导的新人。他们会商量好一起行动,测试一下这个新人的韧性如何。

有的时候可能会觉得这个人态度比较傲慢,那就过上一个月再和他打招呼。

人们就是会如此抵抗改变自己正在做的工作这件事。

"其实,指导改善首先要做的就是让对方接受自己,要和对方取得交流。

"如果无法取得交流,就没办法提示他们如何改善。

"那么,要怎么和对方交流呢?

"首先是要微笑。虽然微笑只是很表面的示好行为,但可以先从这点入手。之后是要展现自己的诚意。必须要表现出一定要改善的决心，还有自己个人的诚意。

"尤其是年轻的时候，指导改善的知识和经验都还比较薄弱，这时候更是只能表现出自己的诚意。工作需要的是专业性和个人的品格。当专业性有所欠缺的时候，就只能依靠个人品格取胜了。而且，即使专业性很强，如果个人品格不行，那么对方也很难接受。

"个人品格这方面只能不断磨炼，这也很难。有段时间，我会在读书的时候贴些标签做标记。然后我就意识到，人其实很多时候会从一些无聊琐事上磨炼出品格。

"那些标签积累多了之后，我就会用A4纸整理记录出来，在坐车的时候阅读。后来我渐渐意识到了自己有什么没做到的事情、有什么是需要做得更好的事情。"

反之，我认为绝对不能做的是违背约定、迟到等会让人怀疑你的诚实品性的事情。

新人时代直面的沟通问题最终有了一个很好的结局。而后来去其他国家指导改善的时候，北明又遇到了和新人时代同样的问题。

到其他国家出差时，在指导工作前，别人首先会关注你的举手投足，这时候能派上用场的还是个人品格和自己的诚意。

他写道：无论是自己的工作还是别人的工作，都要用旁观者的视角来进行检查。

这时候的旁观者必须是一个品格很好、非常诚实的人。那些会说谎的、会违背约定的、嘴上说着"我来请客"卖人情实际上却背地里去要发票的人，既不可能完成改善，去指导改善也不会被别人接受。

只有品格好的人，才能去指导改善。

而另一方面，执行改善的人也面临着极大的挑战。这要求他们必须自我改变。

"我认为，人主要是通过工作改变自我的。但是，改变自我是很难受的一件事。与其说是难受，不如说是令人忧郁。

"我思考过要如何抹消改变带来的忧郁。

"首先需要充足的睡眠，哪怕是强行入睡也行。虽然这也算是一种逃避现实的行为，但好好睡上一觉，确实可以转变心情，睡醒了就会有精神大干一场了。想东想西的整夜不睡是最不好的做法。好好睡上一觉，暂时忘记现实，让心情变好了之后再转变意识。"

看着北明，会觉得他真的很辛苦。他不会强硬灌输自己的观点给别人，也从来不会对下属大吼大叫。相反，他将压力都集中在了自己身上。

内向的人想要转变意识，首先要做的就是好好睡上一觉。睡觉的时候不要去想事情。就像第一章里提到过的，"思考时要从被窝里爬起来"。

58. 改善的工具也应进行改善

作为旁观者去寻找工作中的无效作业时，无论是生产工作还是事务性工作，需要关注的点都是一样的。

"是的，动作的改善首先要从手、脚、眼睛开始看起，然后是看大小、看空闲时间、看临近结束时的状态。"

看脚看的是移动距离，只走一步肯定比走两步好，一步都不用走就更好了。比如说，不要让工人去拿零件，而是让零件自己过来。这一改善可以使用自动搬运小车（Automatic Guided Vehicle，AGV）等工具来实现。

手和脚一样，都是要缩短移动距离。取一个冲击扳手，如果手要移动10厘米，就需要花费0.1秒，移动30厘米，就需要花费0.3秒。花费的时间由放置零件、拿起零件的频率决定。常用的东西一定要放到最近的地方。眼睛的动作也同理，要尽量减少需要到处看的情况。

那些太大、太重、难以搬动的零件和工具也需要改变。空闲时间指的是手头上的作业完成之后无事可做的等待时间。这种空闲时间需要消除。除此之外，作业临近结束前，也要避免一些无效动作。

这不仅仅适用于生产一线，也适用于事务性工作。放在桌上的办公用具也要遵循让手上的动作最小化的原则。还有，办公用品应该尽量不多摆放，只保留最低限度的纸笔等用品。与其整理，不如直接扔掉。不要让那些免费得到的水笔占满你的抽屉。就算是免费的，只要自己用不上，就不要领。这样就能改变很多了。"

59. 不要把机械想得太有用

"这是刚刚在工厂导入 AGV 时候的事情了。"北明这样讲道。

发动机工厂的铸件非常重，于是丰田便引入了一种可以一次运送 40 个铸件的类似小型火车的 AGV，在生产线之间开通了运送路线。但是，在刚引入该机器的时候却完全没能用上，因为 AGV 上装有传感器，并且设定的敏感度相当高，前方 2 米处有人也会停下来。

北明当时负责这方面工作，现场的操作人员这么跟他抱怨道："哎，您说，AGV 不应该是全自动的吗？这机器怎么老是自己停下来啊。"

调节好了传感器，连接上又开始频繁出现问题。连接问题修复好了之后，机器又开始脱离规定路线运行了。

现场的操作人员还讽刺道："你们不是说这东西是全自动的吗？这根本是全手动的吧。"

当然，研发人员在研发机器的时候肯定也进行了试运行，但是实际使用之后，还是出现了各种故障。北明将故障逐一解决，重新进行布线。

"引入一些新东西之后，也不可能马上就百分百投入使用。只要是机械，就肯定会有停止运行等故障。世界上有太多人类无法想象、无法想到的事情了。

"电脑、手机上的应用软件，乃至人工智能（AI），都有很多事情是要用了才会知道的。机械一点都不聪明，是很笨的。"

去丰田的工厂看一下，就会发现根本没有那些多功能大型机械。例如锻造工程，就是将锻造专用机、搬运装置、冷却器等单功能的机械组合起来。为什么要这样呢？答案是使用多功能机械的话，一旦发生故障，修复的时间会很长。另外，如果是最新款的多功能机械，就只有专家才会维修。在把专家叫来之前，生产线都没法恢复运转。从这一点来说，如果是单功能机械，那么工厂的保安也会维修。

引进机械时不能只看性能，还要考虑发生故障后修复需要花费的时间和精力。机械并非万能，我之所以会认为机械很笨也正是因为这个原因。

人类也是，不可能有人每天都非常健康，碰上流感流行期，可能打了疫苗也还是会感染。

新闻里看到的那些工作机械、机器人都是一刻不停地在工作，但事实上那都是只拍摄了它们工作时的样子。任何机械都会发生故障甚至停工。

人类需要对机械进行点检，维护好机械的工作环境，才能让机械发挥最大功效。

在引进机械前，最重要的是明确到底打算让它做什么。然后就是尽量选择将单功能机械组合起来达到目的，而非选择多功能机械。

销售机械的一方总是喜欢说这是最新式的机械，能完成什么工作，可以减少多少人工。但是，他们却从来不会提及机械坏了需要多少专家维修，报修之后专家多久才能过来。引进机械时就应该考虑好发生故障后的处理方法。

60. 言传比看说明书更有效

下面继续谈谈引进机械的话题。

机械肯定都会附上使用说明书和使用手册等。但是，会仔细阅读说明书的人却寥寥无几。

哪怕你交代了"这个很重要，一定要好好看"，也不会有几个人会认真阅读的。而且，他们会等着听口头说明，就算读了也不一定会过脑子。

北明很赞同这一点。

"一定要口头说明，因为没有人会认真阅读。那些买私家车的人也不会认真阅读使用手册的。机械的说明书就更不会有人读了。面对面口头讲解才是最快的做法。

"上司最不可取的行为就是把使用手册或是说明指南一发，然后朝下属发火说你们为什么不自己看说明书。教别人的东西应该是自己实际做过的并且确信的东西。直接把使用手册甩给别人，让人家自己去看，是不会有人看的。

"丰田的部分销售点导入了 e-CRB 销售系统，这种 IT 系统导入之初，也是先在试点店做了个尝试，取得良好效果之后才开始普及的。

"'你看,这样用就可以了,你那边肯定也行。用不了才奇怪呢。'

"就是这样普及开来的。

"AGV 也好,e-CRB 系统也好,刚开始使用的两三个月都是要不断地修正、改变的。在这期间,基层会非常混乱。但是,大家要互相支持,朝着同一个目标努力,一起做成一个好结果。一定要这样做,别人才会支持你的改善方案。思想也好,工具也罢,都要一起努力改善,只有共同经历了这些的人才能将改善进行下去。"

北明引进的 AGV 现在已经是第 5 代、第 6 代了。第 1 代AGV 可能还比不上人直接用叉车运得快。但是,机械是可以不断进化的,人类的搬运能力现在已经无法战胜机械了。机械虽然不如人聪明,但会比人更加实在。不断地重复最终会让机械记住应该怎么做。

不论是机械还是人,只要改正了应该改正的地方,就能提高性能。

61. 想要让人记住就故意让他失败

我在采访丰田汽车的河合满先生时,听说了这么一件值得一提的事情。当时河合满还是一名一线工人，他在思考如何改善，然后想到了要自己重做一个生产线旁放置工具的操作台。他自己设计了操作台的大小和高度，并去找上司申请了材料费。这笔材料费并不便宜，但上司在看了他的设计图后二话没说就同意支出这笔经费了。

东西做好了实际一用，又发现高度有点不够，必须弯着腰才能取到东西。

虽然失败了，但这毕竟是专门申请了经费做的，他也只好硬着头皮继续用下去，最后弄得腰痛不已。

这时候上司过来说："河合满，我看到你的设计图时就觉得高度应该不够。但是因为你工作一直很积极，我就想着让你试试。你要记住，一定不能纸上谈兵。先做一个样品，实际用一下看看，然后再设计图样。我就是想让你记住这点才让你尝试的。"

后来，河合满也延续了这一做法，在下属申请想做什么事的时候，就算明知道会失败，也会让他们去挑战。

比起嘴上说说，自己亲身经历过失败的痛苦才能记得更牢。

日常生活也可以改善

62. 减肥适合改善

我在刚开始理解丰田生产模式的时候,就觉得这非常适合减肥。

丰田生产模式的一大根本就是"拉动式生产"。后道工序向前道工序提出"需求",前道工序才会将后道工序的"需求"输送过去。

反之,如果前道工序不考虑后道工序的需求,而是一味地输送原材料和零件,后道工序也一味地生产下去,这种模式就叫作"推动式生产"。前面曾提到过,在丰田生产模式普及之前,这种推动式生产才是制造业的主流。与其说是主流,不如说是根本没有人去思考过除此以外的方法。

我认为这种"拉动式生产"的理念非常适合用来减肥。

想要瘦下来就得先减少摄入。但是不论在家还是在街上随便走走,那些食品广告、餐饮店都在不断诱惑着我们。一般人,也包括我在内,对那些看起来很美味的食品照片恐怕都没什么抵抗力,尤其对于没吃过的美食就更是如此了。要是价格在 1000 日元左右,就会生出想要尝试一下的想法。

因此,为了减肥,人们往往会依赖于那些有指导人员的减肥机构,买一些教减肥的书,然后只吃魔芋只喝青汁。

去有指导人员的减肥机构,在去的那段时间可能会瘦下来。魔芋也好,青汁也好,肯定都是有效果的。但是,这些都很难坚持下去。

没有人能一辈子去减肥机构,也不可能有人 5 年、10 年只吃魔芋。

减肥不坚持下去是看不到效果的。这时候就需要拉动式生产的理念了。

不要"限制摄入量",而是"排出去多少就吃多少"。

按照丰田生产模式的理念,减肥只要这么做就可以了。

这样做不一定会瘦,但只要遵守了这个原则,就肯定不会继续胖下去。

而储蓄就要用与丰田生产方式相反的理念,也就是推动式生产的理念。不断工作,不断存钱,不要考虑怎么花

(后道工序),只要一味地推动式生产(存钱),账户上的储蓄金额就会越来越多。

当然,这不是说"不要花钱"。

63. 减少忘记东西的技巧

下面再谈一谈生活中防止忘记东西的改善方法。

河合满曾经经历过这样一场失败。

"我年轻的时候,每天早上到工厂都有一项给水槽放水的工作,当时等水放满需要 15 分钟左右。因为早上工厂很忙,要原地慢慢等水放满是不可能的,所以我都会在等待的期间去做些别的事情,比如打开生产线的开关,做一下机械的运转准备之类的。

"那天我拧开水管之后,就在工厂忙活了一圈。平常基本都是忙完一圈回来,水也正好放得差不多了。

"但是那天却出了点小问题,然后我就忙忘了。等猛然察觉的时候已经太晚了,水溢出来了很多。不过因为在一个大坑里,倒是没有波及外面。那次我的上司非常生气。

"然后我就想,绝对不能再犯这种错误了。现在的水池都会装传感器,连浴缸放水都能做到达到一定水量后水管就自动停止放水。但是，那时候还没有这些。于是我就做了这样一个改善。拧开水龙头之后，我会取下一只手套绑在水龙头上。只戴着一只手套去做别的事情，就不会忘记自己还在放水了。"

虽然取下一只手套也不能说是什么很厉害的改善，但这样做了之后，至少不会再出现忘记还在放水导致溢出的情况了。

那之后，他也一直在继续改善。

为了不忘记事情，他在车钥匙上挂了一个标签。

那个标签是一个像货签那样的纸片，用细铁丝穿着。

假设明天有一份必须要提交的文件，哪怕前一天晚上还记得，但喝点酒睡一觉，第二天一早可能又全忘了。为了防止这样的情况发生，他就在每天上下班都要用到的车钥匙上挂了一个类似货签的标签。只要挂着标签，就意味着有东西要拿。

当然，现在可以用手机的提醒功能提醒自己。如果这样还会忘东西，那么最保险的做法就是睡前在自家大门内侧贴上一张纸条，写上"提交文件"几个字。

就这么简单写一下就可以了。这样做一下备忘便签，就可以保证不会忘记了。

把提醒任务交给传感器或者手机，有一个很重要的点在于，这些都是机器，而机器都是有可能出故障的。

"工厂里的传感器，时不时就可能出点故障。"

河合满如此道。

64. 改善只需前进一点点

"梦想""未来"，都不是什么会令人印象不好的词。但是，能谈论梦想、未来的人，都是工作生活有余力的人。有的人可以毫无负担地去思考10年后的事情，但对于大多数人来说，其实每天活着就很累了。能够有余力去思考10年后的人，100个人中恐怕也就只有几个人而已。

普通人工作完成之后，有的会去小酒馆喝酒，有的会去游戏厅打游戏，有的会去赌马，有的会去泡温泉。他们会花钱消费，但这绝不代表他们活得游刃有余。不过是只能顾得眼前的负债经营罢了。

但是，即使是负债经营，也不代表这个人能力不行。对那些没有余力的人谈什么"梦想""未来""10年后"，是无法引起他们的共鸣的。

在没有余力之前，要做的就是应对好眼前的每一件事，兵来将挡，水来土掩。做好眼前的每件事，每次只要进步一点点，让自己更有余力一点点即可。

我认为，改善就是让当前的状态好上那么一点。

"考虑到 10 年后的情况进行改善"这种说法不过是华而不实的漂亮话。

改善不是用"梦想""未来""10 年后"这样的漂亮话装饰起来的行为，而是尽力做好眼前的每件事的人们匍匐前进时的智慧结晶。每次只要前进一点点就够了。

65. 没有人能在工作前做好万全准备

与做好眼前事一样，在正式开始一项工作之前，正式开始旅行之前，总有些人想要做好万全的准备。就像那些极度洁癖的人看到一点灰尘就要卷起袖子大扫除一样。

正是因为没有余力，才会想要在事前做好万全准备。

然而现实是，任何工作也好，旅行也好，都不可能做到万全的准备，倒是有可能准备过剩。准备过剩和万全准备可是两种情况。

正确的做法应该是哪怕没有完全准备好，也先开始着手去做。有不足之处，或是发现忘了什么之后，再去想如何解决。这也是一项工作。

用吸尘器打扫了一遍房间,整理完之后有一些小垃圾遗落也是正常的。这时候不需要再开吸尘器,直接用手捡起个别垃圾就好了。想要按照正规流程用吸尘器把所有小灰尘都清理干净,是绝无可能做到的。追求完美并非是改善。

66. 工作失败的"诀窍"

曾经有一位企业家给了我一张纸,上面写着"工作失败的诀窍",并表示:"总结出这个的人还挺有意思的。"

"这一定是一个特立独行的人。"

12条令工作失败的"诀窍":

1) 坚信从前的方法一定是最好的。
2) 自以为是地认为术业有专攻。
3) 以没空为由不读书。
4) 认为船到桥头自然直。
5) 瞎忙活,觉得只要勤奋努力就饿不死。
6) 觉得好东西不用做其他努力也能卖出去。
7) 以支付不起高薪为由剥削劳动力。

8）觉得越晚付钱越好，于是绞尽脑汁去想怎么拖欠款项。

9）认为机械太贵，喜欢使用人力。

10）觉得顾客太任性。

11）认为商人不该有人情味。

12）认为不可能做到，便不去改善。

改善危机管理

67．将洗手间打扫干净

丰田人都将丰田生产模式运用得炉火纯青。

虽然叫作"生产模式",但丰田生产模式并非只应用于生产线上的改善。物流业务也好,销售业务也好,都将丰田生产模式理念进行了延伸,或者说是扩大了应用范围。

例如,危机管理。

当突发一些灾害、传染病时,生产一线停工,此时进行危机管理的并不只是工厂或是生产一线的人。指导、推广丰田生产模式的生产调查部也会进入生产一线协助应对,引导工厂生产恢复秩序。

丰田的执行董事、TPS 总部长朝仓正司就负责灾害应对的业务。阪神淡路大地震、东日本大地震等灾害导致供应商工厂停工时,他都第一时间赶赴现场,协助生产线复工。

哪怕工厂设计专家已经判断复工需要一年,他也会用采取应急措施灵活应对,同时要求开始正式施工修复,尽量以最快速度恢复生产线。朝仓就是这样一位负责危机管理和解决问题的专家。

他认为在灾害应急管理上起到很大作用的是丰田生产模式两大支柱之一的"自働化"理念。

"丰田生产模式中的'自働化'指的是出现异常就停工。丰田在发现异常上倾注了很多心力,这是因为,如果不知道哪里有异常,就没法继续进行改善。

"灾害也是一种异常情况。发现异常并不是一件很难的事情。找到异常点,然后进行修复就可以了。当发生灾害时,比起先想办法解决问题,有的人更喜欢先追究责任。但是,不管再怎么追责,对解决问题都不会有任何帮助。追责归追责,我们的工作任务主要还是发现异常,进行改善,让生产恢复正常。"

在谈论这件事的时候,朝仓忽然说:"对了,我最自豪的一件事还是……"

我以为他要开始说汽车卖得多好或是销量多高,结果完全不是。

"我最自豪的还是洗手间。提出给丰田生产一线的洗手间装上智能马桶盖的人是我。那是我还在担任车身部长时的事了。我刚去元町工厂就任的时候,发现厂里的洗手间又冷又暗,还很脏。但是我去总部就看到洗手间很明亮,还装着智能马桶盖。我就想,这可不行,于是提议要给元町工厂的洗手间也装上智能马桶盖。后来别处的工厂和其他制造部也装上了智能马桶盖。"

重点还在后面。

不管是平时还是发生灾害的时候,朝仓去到供应商的工厂,首先会去看的就是洗手间。如果洗手间很脏,就代表生产能力不行,恢复工程也进展缓慢。不管是平常还是碰到灾害时,还有在传染病流行期,把洗手间打理得明亮干净都是很重要的。

在危机管理中,洗手间这样的细节很容易会被遗忘,但是,并不是修复了设备就叫恢复正常了。劳动环境也要一起恢复才行。最好是让劳动环境比受灾前更好。智能马桶盖一定要装最新型的。

"看一下洗手间,就能了解到一个企业的文化。"这是朝仓的名言。

下面我就总结几条任何规模的企业都能学习的简明危机管理法。

（1）常设危机管理中心

虽说是常设部门，但这一部门并不是只从事危机管理的部门。日常状态下，该部门可以做些其他工作。不过，最好是对生产一线非常熟悉的部门。比如突发新冠肺炎疫情时，在经营层指挥下，常设的危机管理队伍马上便可以运转起来。

（2）危机管理中心的领导不能由经营层兼任

在发生危机时，经营层需要做的是好好休息，做好重要决断。应急状态时，危机管理队伍必然会非常繁忙，可能都没法休息，因此危机管理队伍的领导不能由经营层兼任。像东日本大地震的时候，日本首相一直都是在官邸沙发上间歇小睡，最后精神状态太差以至于一直做出错误判断。我们要避免的就是这种情况。

（3）危机管理队伍首先要做的是把握异常情况

首先要去现场了解情况，当场进行分析并做出判断，将制订的计划报告给高层。

（4）现场之外的信息也要收集

收集之前的危机案例、解决方法等。国外的解决案例也要进行了解。

（5）让所有员工都知道公司设有危机管理团队

如果在工作中感觉到危险，那么当事员工可以在报告直属上司的同时报告危机管理中心。

（6）不要在追究责任上浪费时间

与其在追究责任上浪费时间，不如早点找到解决方法，恢复工作。

（7）不要忘记维护劳动环境

处理危机时在现场设置临时洗手间，要时刻保持洗手间的干净整洁。洗手间太脏的话，员工会难以提起干劲。

仅仅依靠危机管理中心、危机管理团队的力量，是无法完全应对自然灾害、传染病等，解决经济不景气带来的问题的。危机管理团队也有无法解决的事情。

但是，他们每次投入危机管理工作前都会加上这样一段话：

"我们是应对危机的专业人员，大部分情况我们都能解决。当然，也会存在一些我们无法解决的问题。这时就需要大家一起齐心协力想办法了。我们永远都会站在大家身边。让我们一起努力，解决问题吧。"

这就是危机管理专业人员的骄傲。

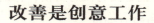

改善是创意工作

68. "电通大道"命名战术

在出现"过劳死"问题前,提起电通,大家想到的都是电通前社长,被誉为"广告鬼才"的吉田秀雄创造的"魔鬼十则"。

1) 工作应该由自己创造,而不是等别人给予。

2) 做工作要主动主动再主动,不能被动消极。

3) 要着眼大事,微不足道的工作会让自己也变得微不足道。

4) 要瞄准困难的工作,完成困难的工作才会得到进步。

5) 一旦开始投入一项工作就不能放弃,必须要达成目的。

6) 去影响周围的人。影响别人和被别人影响,长期下来会形成天壤之别。

7）要有计划。有长期的计划后,忍耐、认真、方向正确的努力与希望也会应运而生。

8）建立自信。就是因为没有自信,你的工作才会没有魄力、没有韧性,也没有深度。

9）要时刻全速运转你的头脑,兼顾八方,一丝一毫的漏洞都不能有,这就是服务业。

10）不要惧怕意见分歧。意见分歧是进步之母,是能起到积极作用的肥料,否则你就会变得怯懦卑微、做事拖泥带水。

虽然都是些很有昭和时代气息的言论,但作为激发干劲的口号还是不错的。

不过,要说这些口号有什么创造性的话,肯定是完全没有的。怎么看都是些精神论罢了。

其实,吉田秀雄做过一件比"魔鬼十则"要有创造性得多的事。但是,这件事连电通的员工都很少有人知道。

银座有一条经过银座东急广场的马路被称为电通大道,以前被叫作外堀大道或者西银座大道。

那么,为什么后来变成"电通大道"了呢?

是因为以前电通总部大楼就在那条路上吗?

并不是。

吉田曾经因为员工过度打车导致交通费成本异常高昂而非常生气。据说那时候电通的员工连从位于银座七丁目的总部去新桥都要打车。这个距离明明走路更快，但员工们却觉得麻烦，还是会选择打车过去。

月末交通费成本统计一出来，吉田气得头顶直冒烟。

"忍不了了。"

吉田打算限制一下打车费用，于是召集员工开会。然而，当员工们站在他面前时，他又忽然改变了主意。

"你们可以像从前一样打车。"

接着，他瞪着眼睛看了一圈，命令道：

"听好，你们可以继续打车，但是，在回公司的时候必须要和司机说'我要去电通大道上的电通总部'。"

什么啊，这还不简单？员工们松了一口气，同时也生出一个疑问："电通大道在哪里啊？"

第二天开始，员工们又像之前一样，不管去哪里都选择打车，然后在回来的时候告诉司机："师傅，我要去电通大道上的电通总部。"

"电通总部是在银座吧？电通大道又是哪里啊？"

"咦，你不知道吗？电通总部前的那条路就是电通大道啊。不知道可不好跑出租车啊。"

"明白了。"

就这样，吉田秀雄只花费了一点打车费就成功把公共马路改名成了"电通大道"。

不用花钱就宣传了公司。广告创意就是如此了。

69．企业理念应该由员工思考

管理学家彼得·德鲁克因下述经历思考出了人生目标及生活理念。

德鲁克13岁的时候，有一位宗教老师问他："你想让世人因为什么记住你呢？"

他不知道怎么回答，便沉默以对，于是那位老师笑道："你才13岁，回答不上来也很正常。"

"不过"老师继续说道："要是你到了50岁对这个问题还回答不上来，就要思考一下你之前都是为了什么而活着了。"

换言之，目标、理念之类的东西，年轻时想不清楚很正常。但不能什么都不想，就这么浑浑噩噩地过下去。再进一步讲，年轻时定下的目标也不是必须一成不变的。

随着年龄的增长，人的认知也会发生变化。目标和理念不仅要有，还要与时俱进。想要改变理念，就需要深入思考理念。

有的公司就会像这样，每逢重大节点就对企业理念进行一次深化。具体的例子就有埼玉的花园集团。

该公司是做柏青哥、老虎机的，一年的销售额能达到1200亿日元。其员工福利之好也是非常出名的，他们一直坚持带员工去国外旅游。

这家公司本来只是位于北浦和的一家柏青哥店而已，是现在这位社长将公司壮大起来的。他是这样阐述自家企业能够壮大的原因的：

"我认为我们是因为有企业理念才得以发展起来的。有理念和没理念，肯定是有理念的公司更强。"

每家企业都有自己的理念，但大部分企业的理念都不过是罗列一些冠冕堂皇的话。企业管理层会委托咨询公司，找一些其他公司的案例，然后编造出一份公司理念。

然而，花园集团却选择让全体员工去思考企业理念。他们向全体员工征集意见，然后成立了一个项目小组，专门去整理意见，最终形成了企业理念。当前的企业理念已经是第五代了，并且他们还正在征集新的意见。

他们的理念本身并不算特立独行，但至少不是罗列一些冠冕堂皇的废话。并且，他们的理念都是经过一整年的思考才确定下来的，员工们都对这些话非常熟悉。

有企业理念的公司很多，但是能让全体员工都背下企业理念的公司却极少，花园集团就是其中一家。

下面我引用部分他们的理念。

（1）Mission（使命）

我们每个人都要作为公司的经营者，持之以恒地注重改善与变革，让每个与我们相遇的人都收获快乐与幸福。

（2）Value（价值）

1）遵守约定。

2）先问自己（注：发生事情时，不要先找别人的原因，而是先思考自己做得怎么样）。

3）坦率地指出问题。

4）注重可能性。

5）珍视他人珍视的东西。

我曾经问过2个他们公司的员工，2个人都说自己喜欢公司理念里 Value 的第2条和第5条。

花园集团有的年轻员工不仅背下了企业理念，还有自己喜欢的理念。

我曾经以为年轻员工都会觉得企业理念、企业方针很蠢，这样看来，反倒是我的想法太老古董了。

对于这些认为发生灾害时停止工作去做志愿者是理所当然的行为的年轻一代来说，企业的愿景、理念大概必须得是自己喜欢的观念才行。

70. 凝视胜利女神的背影

巴黎的卢浮宫美术馆有一座名为"萨莫色雷斯尼姬像"的雕像。

这是一座希腊时期的大理石雕像，雕刻了胜利女神尼姬。一进入卢浮宫美术馆，上了台阶就能看到展开翅膀的这座雕像。"萨莫色雷斯尼姬像"里的"尼姬"写作NIKE，耐克的品牌名就来自于这座胜利女神像。美术教科书上，这座雕像经常和"蒙娜丽莎"一并登场，知道它的人也非常多。

观察一下参观这座雕像的人，会发现大多数人都会从下往上看，然后从正面用手机拍一张纪念照，接着就去看下一件作品了。1000名游客中，可能有980个人都会这样只从正面参观这座雕像。

但是，懂美术的人以及好奇心旺盛的人，就会绕到后面参观。从后面看，会发现女神的身体几乎像是一只巨牛一般。为了支撑背上生出的两只巨大的翅膀，女神的身体结构被刻画得非常结实。

胜利女神像从前面看起来是女神，从后面看起来则像是一只巨牛的身体。

这点很值得思考。

正是背后巨牛一般的身体支撑起了这座雕像正面的美，但这点必须要绕到后面观察才能发现。

改善的诀窍其实就在这里了。要以和从前不同的视角去重新审视自己一直以来的工作。这样一来，迄今为止没有看到的一些东西就会浮出水面了。

如果只看后面还不行，就再去看看侧面。

改善不是只有一种方法。站在不同于从前的视角去观察，总是可以找出新的改善点的。找到的这些改善点也不要只挑一个去做，而是要全部都尝试一遍，其中必然会有失败，但也会有成功。这就是改善。

71. 消除无效的形式工作

我在为了本书去丰田总部采访时,要走的时候忽然发现他们换了新的海报,贴得到处都是。

丰田就是这样一个稍不注意就进行了新改善的公司。

海报上写着"事务性职场的7大无效工作"。上面都是些读一遍马上就能明白的批评意见,其中我最喜欢的就是第7条"无效的形式工作"。

"事务性职场的7大无效工作":

(1) 无效的会议

有没有召开"无法达成决定的会议"和"决定不了事情的人也出席的会议"?

(2) 无效的事前准备

有没有为了自己能够"安心",把"所有人"都拖到了事前准备工作里?

(3) 无效的资料

有没有只为了汇报而做资料？有没有准备一张 A4/A3 纸以上的资料？

(4) 无效的调整

已经进行调整却还是进行不下去的工作，有没有还在硬着头皮继续进行下去？碰到这样的工作应该马上去找上司商谈。

(5) 上司无效的心理包袱

有没有因为下属没有给自己汇报过，就去责备下属说"我可没听说这事"。上司这样做，就会导致"无效的事前准备"和"无效的资料"。上司应该自己去获取信息。

(6) 无效的老一套

有没有只因为"之前也一直在做"，就一直持续下去的业务？

(7) 无效的形式工作

有没有召开完全按照剧本走流程的"形式会议"？有没有进行不做决定，只是一直围绕相关事宜打太极的讨论？

我曾经出席过一个有赞助商参加的广告代理店的会议。那场会议就是一个"形式会议"。这种形式会议哪家公司都有，就连丰田都会有无效工作。

意识到"存在无效工作"是改善的前提。

不要一上来就追求完美,只要从能做的事开始慢慢改变即可。改善进行得不顺利也没关系,边做边思考就好了。

这样一想,就会发现改善也没什么特别的。

为了更轻松、更快乐,每天都可以去改变一点点。有这样的想法,就代表你已经开始改善了。